Aus Teufels Küche

Die Einladung war von einem Boten gebracht worden...

Aus Teufels Küche

Ein teuflisches Kochbuch

Michael-André Werner
Kathrin Otterbach

Sie hatte sehr dunkel und geheimnisvoll geklungen: Ein Dinner in einer Villa …

Ein kleiner Vorgeschmack

Wenn der Teufel zum Gastmahl lädt, kann man nur selten widerstehen. Er ist als Mann vieler Fertigkeiten bekannt, er beherrscht jedes Handwerk, jede Kunst so gut wie kein anderer – vor allem die Kunst, die köstlichesten Speisen zuzubereiten. Er tritt in vielen Sagen und Märchen als Koch, Bäcker oder Müller in Erscheinung, und viele Speisen sind nach ihm benannt. Unter den vielen Namen, die man ihm im Laufe der Geschichte gegeben hat, ist der des »Versuchers« und »Verführers« wohl der bekannteste. Die Sünde ist süß wie eine Crémespeise. Hier ein Stück Kuchen zu viel, dort eine zweite Portion Dessert, schon kommt man »in Teufels Küche« ob der vielen Pfunde oder man fällt – wie man in England sagt – gar »in des Teufels Bratpfanne«. Die Schlemmerei und Völlerei ist immerhin eine der sieben Todsünden, wegen derer man in der Hölle auf ewig verdammt ist.
Und wohl kaum ein Ort ist der Hölle so ähnlich wie die Küche. Hier wie dort gibt es Feuer, hier wie dort wird mit brodelndem Wasser und siedendem Öl hantiert. Hier wie dort ist man mit Häuten, Braten, Überbrühen, Zerschneiden, Zerhacken und Aufspießen beschäftigt, liegen scharfe Messer und spitze Gabeln herum.

Wenn der Teufel Hunger hat, so frisst er Mücken.
In der Not frisst der Teufel Fliegen.
[Volksmund]

Inhalt

Doch wann ist eine Speise »teuflisch« oder »höllisch«, was macht den Salat zum Höllensalat, die Remoulade so teuflisch? Sicher nicht Zutaten wie Krötenzunge und Fledermaushaar oder gar so giftige Pilze wie der Satansröhrling. Auch werden Sie davon verschont bleiben, bei der Zubereitung geheimnisvolle Sprüche aufzusagen, mysteriöse Handlungen zu vollführen oder die wichtigsten Zutaten um Mitternacht bei Vollmond in einem nahegelegenen Sumpf zu suchen.

Höllisch ist, was schwarz ist wie Pfefferkörner oder rot wie die Chilischote, denn das sind die Farben des Satans, was scharf ist und wie Feuer auf der Zunge brennt und uns doch zum nächsten Bissen verführt, wie all jene wissen, die einem scharfen Gulasch oder einem brennenden Chili verfallen sind.
Teuflisch ist, was süß wie Erdbeereis. Diabolisch ist nicht zuletzt der Alkohol, der ja vom Teufel eigens dafür erfunden wurde, die Menschen zu berauschen und ihre Seelen zu erlangen.

Das Scharfe, das Süße, das Rote, das Schwarze, das Berauschende – all das ist in diesem Buch gesammelt. Der Höllenfürst wünscht guten Appetit.

Die Einladung war von einem Boten gebracht worden. Sie hatte sehr dunkel und geheimnisvoll geklungen: Ein Diner in einer alten Villa nachts um elf Uhr. Ihr zu folgen schien gefährlich und war doch so seltsam reizvoll gewesen. Nun stand er hinter ihr, und sie ließ sich von ihm aus der dünnen Jacke helfen.

In der Vorhölle
Vorspeisen

In der Vorhölle

Im Fegefeuer werden die Sünder, die sich der lässlichen Sünden schuldig gemacht haben, im Feuer geläutert. Dann kommen sie ins Paradies. Nur die Sünder der sieben Todsünden kommen auf ewig in die Hölle.

1 Devils on Horseback – Reitende Teufel

Für 4 Personen

8 Scheiben Brot
50 g Butter
150 g Hühner- oder Kalbsleber
etwas Salz
1 Prise Cayennepfeffer
8 große Backpflaumen
8 dünne Scheiben Frühstücksspeck
16 mit Paprika gefüllte Oliven

1 Den Backofen auf 200 °C vorheizen. Die Brotscheiben mit etwas Butter bestreichen und in einer beschichteten Pfanne von beiden Seiten rösten. 2 Die Leber waschen und trockentupfen. Falls Sie Kalbsleber verwenden, diese in 8 gleich große, dünne Stücke schneiden. Sie dann in Butter braten und mit Salz und Cayennepfeffer würzen. 3 Die Pflaumen entsteinen und mit den Leberstückchen füllen. Jede Pflaume in eine Scheibe Speck einwickeln und mit einem Holzspießchen zusammenstecken. Etwa 10 Minuten lang im Ofen garen. 4 Die Pflaumen auf die Brotscheiben legen und mit Oliven garnieren.

»Reitende Teufel« (Devils on Horseback) ist die scharfe Version der »Reitenden Engel« (Angels on Horseback): Frische Austern in Wasser garen, dann gut abtropfen lassen. Jede Auster in eine sehr dünne Scheibe Frühstücksspeck wickeln. Je vier Austern auf ein Holzspießchen stecken, im Backofengrill grillen und auf gebuttertem Toast anrichten. Zum Schluss leicht mit Cayennepfeffer bestäubt servieren.

2 Diabolotins – Teufelchen

Für 6 Personen
6 runde Weißbrotscheiben
100 g Roquefort
50 g gemahlene Walnüsse
50 g Butter
weißer Pfeffer
Paprikapulver rosenscharf

1 Den Grill des Backofens vorheizen. Das Weißbrot bei geringer Hitze von beiden Seiten goldbraun toasten. 2 Den Käse mit einer Gabel zerdrücken und zusammen mit den Nüssen sowie der Butter zu einer homogenen Creme verrühren. Das Ganze mit Pfeffer abschmecken. 3 Die Creme auf die getoasteten Brotscheiben streichen und diese unter dem Grill 2 bis 3 Minuten überbacken. 4 Anschließend noch mit ein wenig Paprikapulver bestäuben.

3 Höllensalat

Für 4 Personen
5 Scheiben roher Schinken
1 Dose Weinsauerkraut
1 rote Peperoni
1 grüne Peperoni
1 gelbe Paprikaschote
3 EL Öl
2 EL Essig
1 EL Senf
1 TL Worcestersauce
1 EL Zitronensaft
etwas Salz
etwas Zucker
150 g mit Paprika
gefüllte Oliven

1 Den Schinken in feine Streifen schneiden. Die Peperoni und die Paprikaschote waschen, putzen und ebenfalls in sehr feine Streifen schneiden. 2 Öl, Essig, Senf, Worcestersauce und Zitronensaft zu einer Marinade verrühren. Mit Salz und Zucker abschmecken. 3 Schinken-, Paprika- und Peperonistreifen sowie Oliven miteinander vermengen und mit der Marinade begießen. 4 Den Salat mindestens 2 Stunden im Kühlschrank zugedeckt ziehen lassen.

Wer mit dem Teufel isst,
muss einen langen Löffel haben
[Sprichwort]

4

Mexikanischer Teufelssalat

Für 4 Personen
1/2 Kopf Eisbergsalat
1 rote Paprikaschote
250 g in Scheiben geschnittene Salami
1/2 Rettich
1 Bund Radieschen
1 Zwiebel
2 EL Öl
2 EL Essig
1 EL Senf
1/8 l pikante Sangrita
Salz
schwarzer Pfeffer
1 TL Paprikapulver edelsüß
1 TL Curry
Tabasco nach Belieben
3 EL gehackte Petersilie

1 Den Salat putzen, waschen und trockenschleudern. Anschließend eine flache Schüssel mit den Salatblättern auslegen. 2 Die Paprikaschote waschen, putzen und in feine Streifen schneiden. Den Rettich sowie die Radieschen waschen, putzen und in dünne Scheiben schneiden. Die Salami in feine, kurze Streifen schneiden. Die Zwiebel schälen und in dünne Ringe schneiden. 3 Für das Dressing Öl, Essig, Senf, Sangrita sowie Salz, Pfeffer, Paprika, Curry und Tabasco miteinander verrühren.

4 Alle Salatzutaten bis auf die Salatblätter in eine zweite Schüssel geben und mit dem Dressing begießen. Das Ganze vorsichtig mischen, in die Mitte der Salatblätter geben und mit der Petersilie bestreuen.

5 Teuflische Eier

Für 6 Personen
4 EL Mehl
¼ TL Senf
⅛ TL Paprikapulver, rosenscharf
½ TL Salz
schwarzer Pfeffer
¼ TL Worcestersauce
1 EL Butter
400 ml Milch
1 Lorbeerblatt
6 hart gekochte Eier
100 g gehackte schwarze Oliven
60 g geriebener Parmesan

1 Mehl mit Senf, Paprikapulver, Salz, Pfeffer und Worcestersauce vermischen. 2 Die Butter in einem großen Topf bei milder Hitze schmelzen lassen. 3 Das Mehl in der Butter anschwitzen. Milch und Lorbeerblatt hinzufügen. Das Ganze zum Kochen bringen und dabei rühren, bis es anfängt, dick zu werden. Nun das Lorbeerblatt herausnehmen. 4 Die gekochten Eier der Länge nach halbieren und die Eigelbe vorsichtig entfernen. Den Backofen auf 190 °C vorheizen. 5 Die Eigelbe mit 1 bis 2 Esslöffeln von der Sauce zu einer geschmeidigen Masse verrühren. Diese in einen Spritzbeutel geben und die Eihälften damit füllen. 6 Die Eier dicht nebeneinander in eine Auflaufform geben. 7 Die Oliven und die Hälfte des geriebenen Parmesans in die Sauce rühren. 8 Alles sowohl über als auch um die Eier gießen. Den restlichen Käse darüber streuen und die Eier auf mittlerer Schiene etwa 20 Minuten überbacken.

Das Ei gilt im Volksglauben als Hexen- und vor allem als Teufelsspeise, weil ihm besondere Zauberkraft zugesprochen wird. Eier einer schwarzen Henne schützen sogar vor dem Teufel. Auf der anderen Seite ist das Ei ein Symbol für Fruchtbarkeit und Leben.

Er geleitete sie durch dunkle Gänge in einen nur spärlich erleuchteten Salon. Schweigend und fast lautlos rückte er ihr den Stuhl zurecht, auf dass sie sich setzen konnte. Ebenso schweigend nahm sie Platz an einer Tafel, die nur für eine Person, für sie, gedeckt war. Wie ein Feuerkünstler entzündete er ein Streichholz, um die Kerzen auf dem Tisch anzustecken.

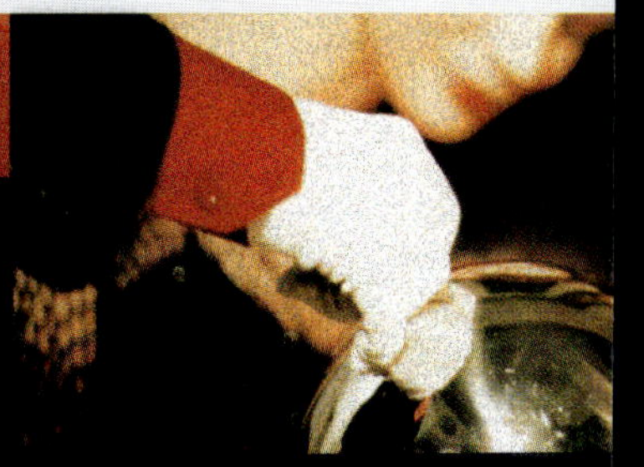

6 Teufelssalat

Für 6 Personen
500 g Spaghetti
8 EL Öl
4 – 8 Spritzer Tabasco
4 Knoblauchzehen
½ TL Salz
½ TL schwarzer Pfeffer
⅛ l Brühe
6 hart gekochte Eier
4 EL Essig
2 EL scharfer Senf
8 Sardellenfilets
2 grüne Peperoni
1 rote Peperoni
2 EL gehackte Petersilie
2 EL gehackter Liebstöckel
2 Tomaten

In Sizilien herrscht der Glaube, mit Petersilie den Teufel vertreiben zu können, ähnlich wie auch in vielen Ländern mit Knoblauch das Böse bekämpft werden kann.

1 Die Spaghetti in brodelndem Salzwasser mit etwas Öl und einigen Tropfen Tabasco »al dente« kochen. Die Nudeln in ein Sieb gießen und abschrecken. 2 Die Knoblauchzehen schälen. Mit Salz zu einer feinen Paste zerreiben. Dann mit Pfeffer würzen und Brühe einrühren. 3 Die Knoblauchsauce über die Spaghetti geben. 4 Die Eigelbe von 2 Eiern durch ein Sieb streichen und mit dem Essig und dem Senf glatt rühren. 5 Nun das restliche Öl unter die Marinade ziehen. Mit Salz und Pfeffer abschmecken. 6 Die Sardellen grob hacken. Die Peperoni waschen, halbieren, von den Kernen befreien, ebenfalls fein hacken und zusammen mit den Sardellen und Kräutern zu den Nudeln geben. 7 Die Tomaten mit heißem Wasser überbrühen und enthäuten und ebenso wie die restlichen Eier fein würfeln, dann zum Salat geben. 8 Die Zutaten miteinander vermengen.

7 Flambierter Teufelstoast

Für 4 Personen
4 Scheiben Toast
2 EL Knoblauchbutter
2 EL eingelegter grüner Pfeffer
1 Apfel
2 Camemberts (à 150 g)
80 ml Calvados
2 Tomaten

1 Die Toastbrotscheiben goldbraun rösten und mit der Knoblauchbutter bestreichen. Ein paar zerdrückte Pfefferkörner darauf verteilen. 2 Den Apfel schälen, vierteln, das Kerngehäuse entfernen, dann grob raspeln und ebenfalls auf die Toastbrotscheiben geben. 3 Jeden Camembert längs in 4 Scheiben schneiden und ein wenig überlappend auf die Toastbrotscheiben legen. 4 Das Ganze unter dem Backofengrill etwa 5 Minuten überbacken. 5 Den Calvados erwärmen und über die überbackenen Toastscheiben träufeln, dann sofort flambieren. 6 Die Tomaten waschen, vierteln und die Stielansätze entfernen. 7 Zusammen mit den Tomatenvierteln die Teufelstoastbrotscheiben servieren.

Teufel halten täglich offene Tafel.
Facilis descensus arerni.
[lat. Sprichwort]

8

Salat »Roter Teufel«

Für 4 Personen

- 2 rote Paprikaschoten
- 4 Tomaten
- 2 Zwiebeln
- 2 Gewürzgurken
- 150 g in Scheiben geschnittener Rinderbraten
- 2 hart gekochte Eier
- 7 EL Tomatenketchup
- 3 EL Mayonnaise
- 1 EL Kräuteressig
- ½ TL Cayennepfeffer
- ½ TL Paprikpulver rosenscharf
- 1 Prise Zucker
- 1 Prise Curry
- 6 – 8 Spritzer Tabasco

1 Die Paprikaschoten waschen, putzen und in dünne Scheiben schneiden. 2 Die Tomaten mit heißem Wasser übergießen, dann enthäuten, achteln und entkernen. 3 Die Zwiebeln schälen und in feine Streifen schneiden. Die Gurken und den Rinderbraten in feine Streifen schneiden, die Eier fein würfeln. 4 Alles in eine Schüssel geben und gut vermengen. Ketchup, Mayonnaise und Essig miteinander vermischen. Cayennepfeffer, Paprika, Zucker, Curry und Tabasco dazugeben und alles miteinander zu einem Dressing verrühren. Dieses über den Salat geben und unterheben. 5 Den Salat mindestens ½ Stunde im Kühlschrank zugedeckt ziehen lassen.

Alsbald trug er lautlos den ersten Gang auf edlem Silbergeschirr auf. Er stellte die Speise – noch verborgen – vor sie hin und hob vorsichtig die Haube empor. Dann trat er einige Schritte zurück und blieb – die Hände auf dem Rücken gefaltet – dort stehen, wie, um sie zu beobachten.

Fra Diavolo – Bruder Teufel

Oft tritt der Teufel verkleidet auf, damit man ihn nicht gleich erkennt. Manchmal nimmt er dabei sogar die Gestalt eines Geistlichen, etwa eines Mönchs oder eines Priesters, an. Im Italienischen wird er daher oftmals als »Fra Diavolo«, als Bruder Teufel, bezeichnet.

Farfalle »Fra Diavolo«

Für 4 Personen

- 1 Zwiebel
- 3 EL Weißwein
- 1/4 TL gestoßener roter Pfeffer
- 1 TL getrocknetes Basilikum
- 1 rote Paprikaschote
- 1 gelbe Paprikaschote
- 5 frische Champignons
- 2 Knoblauchzehen
- 1 Dose Tomaten
- 2 EL Tomatenmark
- 400 g Farfalle
- etwas Salz
- 40 g geriebener Parmesan

[1] Die Zwiebel schälen und fein würfeln. [2] Den Weißwein mit 3 Esslöffeln Wasser in einem Topf zum Kochen bringen. [3] Den roten Pfeffer, das Basilikum sowie die gehackte Zwiebel hinzufügen und 2 bis 3 Minuten bei großer Hitze kochen. [4] Paprikaschoten waschen, putzen, fein würfeln und ebenfalls dazugeben. Das Ganze weitere 3 bis 4 Minuten kochen lassen, bis die Flüssigkeit verdampft ist. [5] Die Champignons putzen und in Scheiben schneiden und hinzugeben. [6] Die Knoblauchzehen schälen und durch eine Presse zur Sauce drücken. [7] Die Dosentomaten klein schneiden und mit dem Tomatenmark hineinrühren. [8] Bei geringer Hitze weitere 6 bis 7 Minuten einkochen lassen. [9] Die Farfalle in einem großen Topf in brodelndem Salzwasser »al dente« kochen. Anschließend das Kochwasser abgießen und die Farfalle in eine große Schüssel füllen. [10] Die Sauce darüber gießen, leicht unterheben und mit geriebenem Parmesan bestreuen.

10 Teufelsspaghetti

Für 4 Personen

Für die Sauce

2 kg Tomaten
2 Zwiebeln
8 Knoblauchzehen
2 rote Chilischoten
1 Bund Petersilie
1 Bund Basilikum
200 ml Olivenöl
1 große Dose Tomaten
1 EL getrockneter Thymian
1 EL getrockneter Rosmarin
2 Lorbeerblätter
etwas Salz
1 TL Zucker
2 EL Tomatenmark

Für die Nudeln

500 g Spaghetti
etwas Salz
2 EL Olivenöl
2 EL geröstete Pinienkerne
40 g geriebener Parmesan

1 Die Tomaten mit heißem Wasser überbrühen, dann enthäuten, von den Stielansätzen befreien und entkernen. 2 Die Zwiebeln und den Knoblauch schälen und in feine Würfel schneiden. 3 Die Chilischoten waschen und nach Bedarf von den Kernen befreien und in Streifen schneiden. 4 Petersilie und Basilikum waschen und trockenschütteln. Die Blätter von den Stielen zupfen und klein hacken. 5 Das Olivenöl in einem schweren Topf erhitzen. Alle Zutaten dazugeben, mit Gewürzen, Zucker und Tomatenmark abschmecken. 6 Alles etwa 40 Minuten bei kleinster Hitze und geschlossenem Deckel köcheln lassen. Die Lorbeerblätter herausnehmen. 7 Die Sauce sollte eine sämige Konsistenz haben, falls nicht, muss sie weitere 5 bis 10 Minuten im offenen Topf köcheln.

8 Die Spaghetti in brodelndem Salzwasser »al dente« kochen. Das Kochwasser abgießen, die Spaghetti mit dem Olivenöl und etwas Kochwasser in eine vorgewärmte Schüssel gegeben. 9 Dann die Tomatensauce darüber geben und leicht untermengen. Die Teufelsspaghetti mit den gerösteten Pinienkernen und dem Parmesan bestreuen.

11 Höllenpasta

Für 4 Personen
1 Zwiebel
1 rote Paprikaschote
2 EL Olivenöl
2 Bananen
70 ml Ananassaft
Saft von 3 Orangen
1 – 2 Chilischoten (Habañero-Chili)
1/4 Tasse frisches Koriandergrün
4 EL Zitronensaft
40 g geriebener Parmesan
2 EL Butter
500 g Fettuccine
etwas Salz
grober schwarzer Pfeffer

1 Die Zwiebel schälen und fein hacken. 2 Die Paprikaschote waschen, putzen und fein würfeln. 3 Das Olivenöl in einem großen Topf erhitzen. Die Zwiebel und Paprika darin etwa 4 Minuten dünsten. 4 Die Bananen in Scheiben schneiden, zusammen mit dem Ananas- und dem Orangensaft hinzufügen. Alles etwa 5 Minuten bei mittlerer Hitze köcheln lassen, bis die Bananenscheiben weich sind. Den Topf vom Herd nehmen. 5 Die Chilischoten waschen, putzen und in feine Streifen schneiden. Mit dem Zitronensaft, dem fein gehackten Koriandergrün und 3 Teelöffeln geriebenem Parmesan unter die Sauce rühren. 6 Die Fettuccine in brodelndem Salzwasser »al dente« kochen. Das Kochwasser abgießen und die Fettuccine in eine große Schüssel geben. 7 Die Sauce darüber geben, ein wenig salzen und pfeffern und mit geriebenem Parmesan bestreuen.

Des Teufels Küche hat Raum
für viele Hausfrauen.
[Sprichwort]

12

Schwarze Nudeln mit Teufelssauce

Für 4 Personen

Für die Nudeln

300 g Mehl
3 Eier
1 TL Öl
½ TL Salz
1 EL Tintenfischtinte

Für die Sauce

4 kleine Chilischoten
1 große rote Paprikaschote
1 kleine Zwiebel
2 Knoblauchzehen
etwas Salz
schwarzer Pfeffer
4 Tomaten
2 EL Sherry

1 Das Mehl auf eine Arbeitsplatte sieben, in die Mitte eine Vertiefung drücken. 2 Dann Eier, Öl, Salz und Tinte dazugeben und alles zu einem glatten Teig verkneten. 3 Den Teig in Folie oder in ein feuchtes Tuch wickeln und mindestens ½ Stunde ruhen lassen. 4 Dann in gleich große Stücke teilen und nacheinander dünn ausrollen (am besten mit einer Nudelmaschine). 5 Die ausgerollten Teigplatten in Streifen schneiden und sofort in brodelndem Salzwasser »al dente« kochen. Das Kochwasser abgießen, die Nudeln in eine Schüssel geben und warm stellen.

6 Die Chilischoten waschen, aufschlitzen, die Kerne entfernen und das Fruchtfleisch fein hacken. 7 Die Paprikaschote waschen, in siedendem Wasser etwa 4 Minuten ziehen lassen, dann mit kaltem Wasser abschrecken und enthäuten. Die Paprika halbieren, Stielansatz, Trennwände und Kerne entfernen. 8 Zwiebel und Knoblauch schälen und fein hacken. 9 Alles mit 150 ml Wasser in einen Topf geben und etwa ½ Stunde bei geringer Hitze köcheln lassen, bis das Gemüse weich ist. 10 Das Wasser abgießen, dann das Gemüse pürieren. Mit Salz und Pfeffer würzen. 11 Die Tomaten mit heißem Wasser überbrühen und enthäuten, die Stielansätze und Kerne entfernen. Das Fruchtfleisch sehr klein würfeln und zur Sauce geben. 12 Mit Sherry, Salz und Pfeffer abschmecken. Die Teufelssauce dann über die schwarzen Nudeln geben.

13 Makkaroni »Diabolo«

Für 4 Personen

500 g Makkaroni
etwas Salz
4 EL Olivenöl
2 rote Paprikaschoten
1 gelbe Paprikaschote
1 kleine Dose Tomaten
5 entsteinte schwarze Oliven
2 Sardellenfilets
1 Bund Basilikum
1 Knoblauchzehe
1 rote Peperoni
etwas Zucker

1 Makkaroni in brodelndem Salzwasser mit 1 Esslöffel Olivenöl »al dente« kochen. Dann das Kochwasser abgießen und die Makkaroni in eine Schüssel geben und warm stellen.
2 Die Paprikaschoten waschen, putzen und in feine Streifen schneiden.
3 Das restliche Öl in einem Topf erhitzen, die Paprikaschoten darin weich dünsten. 4 Die Tomaten mit ein wenig Tomatensaft zu den Paprikaschoten geben.
5 Die Oliven und die Sardellenfilets fein hacken. 6 Das Basilikum waschen, trockenschütteln und die Blätter von den Stielen zupfen. Die Blätter fein hacken. 7 Oliven mit den Sardellen und der Hälfte des Basilikums zur Sauce geben. 8 Die Knoblauchzehe schälen und durch eine Presse in die Sauce drücken. Alles 8 bis 10 Minuten bei geringer Hitze köcheln lassen. 9 Die Peperoni waschen, putzen und in feine Ringe schneiden. Die Peperoniringe in den letzten 2 Minuten hinzufügen. 10 Die Sauce mit Salz und Zucker abschmecken.
11 Zum Schluss das restliche Basilikum darunter rühren. Die Sauce über die Makkaroni geben.

Makkaroni, die (pl.) – Italienische Nahrungsmittel. Die Makkaroni bestehen je aus einem dünnen, hohlen Röhrchen. Dieses wiederum besteht aus zwei Teilen: der Röhre und dem Loch. Letzteres ist der Verdauungsteil.
[Ambrose Bierce: »Des Teufels Wörterbuch«]

14 Ravioli »Luzifer Art«

Für 4 Personen

Für die Ravioli
200 – 300 g Mehl
2 Eier
1 TL Öl
etwas Salz
schwarzer Pfeffer
1 Msp. Muskat
3 – 4 EL Tomatenmark
400 g Lachs
1 Knoblauchzehe
1 rote Chilischote
1 Eiweiß

Für die Sauce
2 Knoblauchzehen
2 TL Olivenöl
1 große Dose Tomaten
etwas Salz
1 TL getrockneter Oregano
¼ TL grober roter Pfeffer
1 EL gehackte Petersilie

1 Mehl, Eier, Öl, Gewürze und Tomatenmark in eine Schüssel geben und zu einem glatten Teig verkneten. Den Teig in Folie oder in ein feuchtes Tuch wickeln und mindestens 1 Stunde ruhen lassen.
2 Den Lachs bis auf 2 Scheiben klein würfeln. Die Knoblauchzehe schälen und fein hacken. Die Chilischote waschen, putzen und in feine Streifen schneiden.
3 Lachswürfel mit Knoblauch und Chilischote in ein hohes Gefäß geben und zu einer geschmeidigen Paste pürieren. Falls nötig, kann ein wenig Wasser hinzugegeben werden. 4 Den Nudelteig halbieren und beide Stücke dünn ausrollen. Auf die eine Hälfte kleine Häufchen der Lachspaste setzen. Die Nudelplatte zwischen den Lachshäufchen mit Eiweiß bestreichen. Die andere Teighälfte darauf legen, die obere Nudelplatte zwischen den Lachshäufchen festdrücken und zu Ravioli schneiden. Am besten eignet sich hierzu eine Nudelmaschine mit einem Ravioliaufsatz. 5 Die Ravioli in brodelndem Salzwasser »al dente« kochen. Dann das Kochwasser abgießen, die Ravioli warm halten.
6 Die Knoblauchzehen schälen und durch eine Presse drücken. Anschließend im Öl hellbraun braten. 7 Die Tomaten abtropfen lassen und klein schneiden, dann zum Knoblauch geben. Die Sauce mit Salz, Oregano, Pfeffer und Petersilie würzen. Im offenen Topf sämig einkochen lassen.
8 Die Ravioli auf 4 Teller verteilen, mit der Sauce übergießen und mit dem restlichen, in Streifen geschnittenen Lachs garnieren.

Zunächst fühlte sie sich etwas unbehaglich dabei, allein zu speisen, während er hinter ihr stand und jede ihrer Bewegungen zu verfolgen schien. Als sie die Hand ausstreckte, um nach der Gabel zu greifen, versuchte sie, ein leichtes Beben zu unterdrücken. Doch schon der erste Bissen auf ihrer Zunge erregte und beruhigte sie zugleich auf eine faszinierende Weise …

Gang um

Gang um Gang trug
er nun die Speisen auf.
Kaum, dass sie bemerkte,
wie ein leerer Teller verschwand
und eine neue Köstlichkeit
vor ihr auftauchte.
Nur hin und wieder
schaute sie kurz auf, um sich
zu vergewissern, dass er immer
noch dort bei ihr stand
und sie beobachtete.

rschwand

15 Teufelsgulasch

Für 4 Personen
500 g Schweinefleisch
etwas Salz
schwarzer Pfeffer
Paprikapulver edelsüß
20 g Butter
1 EL Öl
2 Zwiebeln
1 Knoblauchzehe
2 EL Mehl
400 ml Rinderbrühe (Instant)
1 EL scharfer Senf
1 EL Tomatenmark
1 TL gemahlener Kümmel
1 Sardellenfilet
1 Gewürzgurke
1 TL Kapern

1 Das Fleisch in kleine Würfel schneiden, mit Salz, Pfeffer und Paprika würzen.
2 Butter und Öl in einem Topf erhitzen, die Fleischwürfel darin anbraten.
3 Die Zwiebeln und den Knoblauch schälen und fein hacken. Sie dann zum Fleisch geben und andünsten. 4 Nun das Fleisch mit Mehl bestäuben und das Mehl kurz anschwitzen. 5 Dann mit Rinderbrühe ablöschen. Mit Senf, Tomatenmark und Kümmel abschmecken und etwa 1 Stunde schmoren lassen. 6 Sardelle und Gurke fein hacken und zusammen mit den Kapern zum Gulasch geben.
7 Nochmals pikant abschmecken und etwa 1/4 Stunde schmoren lassen.

Sich selbst dem Teufel
als Braten in die Küche tragen.
[Sprichwort]

16 Ungarischer Teufelstopf

Für 4 Personen

Für die Hackfleischwürstchen
1 Zwiebel
1 altes Brötchen
250 g gemischtes Hackfleisch
1 Ei
1 TL Paprikapulver edelsüß
1 Prise Paprikapulver rosenscharf
1 TL Salz

Für den Eintopf
4 Zwiebeln
1 Knoblauchzehe
1 rote Paprikaschote
1 EL Öl
100 ml Chilisauce
100 ml Tomatenketchup
125 ml Rotwein
etwas Salz
1 Dose Cocktailwürstchen (150 g)

1 Die Zwiebel schälen und fein würfeln. 2 Das Brötchen in kaltem Wasser einweichen, nach einer 1/4 Stunde das Brötchen herausnehmen und gut ausdrücken. 3 Zwiebelwürfel, Brötchen, Hackfleisch sowie das Ei in eine Schüssel geben und miteinander verkneten. Mit Paprika und Salz scharf würzen.
4 Aus dem Fleischteig etwa daumendicke, 5 - 6 cm lange Würstchen formen und diese im Tiefkühlfach etwa 10 Minuten anfrieren.
5 Die Zwiebeln schälen und in Ringe schneiden. Den Knoblauch schälen.
6 Die Paprikaschote waschen, putzen und in feine Streifen schneiden. 7 Das Öl in einem Topf erhitzen, die Hackfleischwürstchen darin von allen Seiten anbraten.
8 Dann die Zwiebelringe zu den Hackfleischwürstchen geben und goldgelb braten. 9 Das Ganze mit Chilisauce, Ketchup und Rotwein ablöschen sowie mit Salz abschmecken. 10 Die Paprikastreifen dazugeben, die Knoblauchzehe durch die Presse zum Eintopf drücken und alles schmoren lassen. 11 Zum Schluss die Cocktailwürstchen im Teufelstopf erwärmen. Das Ganze nicht mehr kochen lassen, da die Cocktailwürstchen sonst platzen.

17 Teufelsspieße

Für 4 Personen
600 g Schweinefilet
300 g durchwachsener Speck
5 Zwiebeln
5 EL Öl
etwas Salz
schwarzer Pfeffer
3 TL Paprikapulver edelsüß

1 Das Schweinefilet in Scheiben schneiden. 2 Den Speck in dünne Scheiben schneiden, die Zwiebeln schälen, vierteln und aufblättern. Den Backofen auf 200 °C vorheizen. 3 Nun die Zutaten in folgender Reihenfolge auf die Spieße stecken: Zwiebel, Speck, Schweinefilet, Speck, Zwiebel. Auf diese Weise kann das Fleisch nicht austrocknen. 4 Die Spieße auf Alufolie legen. 5 Öl, Salz, Pfeffer und Paprika miteinander verrühren und die Spieße damit bestreichen.
6 Die Spieße mit der Alufolie verschließen. Auf dem Rost in der Mitte des Ofens etwa 1/2 Stunde grillen. 7 Nach der Hälfte der Grillzeit die Spieße bei geöffneter Alufolie grillen.

Es fehlt dem Teufel nicht an Honig,
wenn er seine Suppe süß machen will.

[Böhmisches Sprichwort]

18 Flambiertes Teufelsfleisch

Für 4 Personen
800 g Rindfleisch
2 EL Öl
½ l Rinderbrühe (Instant)
125 ml Rotwein
50 ml Knoblauch-Weinessig
1 Lorbeerblatt
1 TL Salz
1 TL getrockneter Oregano
1 TL schwarzer Pfeffer
1 rote Paprikaschote
300 g Champignons
200 g Kirschtomaten
2 – 4 EL Mehl
125 ml Weinbrand

1 Das Rindfleisch in 3 bis 4 cm große Würfel schneiden. 2 Das Öl in einem Topf erhitzen, die Fleischwürfel darin von allen Seiten anbraten. 3 Mit Brühe, Rotwein und Essig ablöschen. Das Lorbeerblatt dazugeben und mit Salz, Oregano sowie Pfeffer würzen. 4 Zugedeckt etwa 1 Stunde schmoren lassen, bis das Fleisch gar ist.

5 Inzwischen die Paprika waschen, putzen und in Streifen schneiden. 6 Die Champignons putzen und in Scheiben schneiden. 7 Die Kirschtomaten waschen, halbieren und von den Stielansätzen befreien. 8 Paprikastücke und Champignonscheiben etwa 10 Minuten vor Ende der Garzeit zum Teufelsfleisch geben.

9 Das Mehl mit etwas Wasser verrühren und ins Gulasch rühren. 10 Das Ganze nochmals etwa 5 Minuten kochen lassen. 11 Die Tomatenhälften nur kurz im Gulasch garen.

12 Das Teufelsfleisch in eine vorgewärmte Suppenschüssel geben und servieren.

13 Den Weinbrand in einer Kelle anwärmen, über die Schüssel halten und flambieren. Vorsichtig aufs Gulasch geben.

19

Teuflische Hackfleischspießchen

Für 4 Personen

Für die Klößchen

250 g gemischtes Hackfleisch
1 Ei
1 EL Paniermehl
etwas Salz
schwarzer Pfeffer
1 Msp. Chilipulver
1 TL scharfer Senf
Paprikapulver edelsüß

Zum Aufspießen

1 eingelegte Paprikaschote
1 kleine Dose Champignonscheiben
8 eingelegte Perlzwiebeln
1 EL Öl

Für die Sauce

3 EL Öl
4 EL Tomatenketchup
1 eingelegte Paprikaschote
1 Zwiebel
1 Msp. Cayennepfeffer
4 - 6 Spritzer Worcestersauce
etwas Zucker
etwas Salz

1 Das Hackfleisch mit Ei, Paniermehl sowie Salz, Pfeffer, Chilipulver, Senf und Paprika verkneten. 2 Aus dem Fleischteig 16 gleich große Klößchen formen. Den Backofengrill auf 200 °C vorheizen.

3 Die Paprikaschote von Kernen und Scheidewänden befreien und in 8 gleich große Stücke schneiden. 4 Auf 4 Holzspieße abwechselnd Fleischklöße, Paprikastücke, Champignonscheiben und Perlzwiebeln stecken. 5 Eine Auflaufform mit Öl einfetten. Die Fleischspießchen ebenfalls einfetten und hineinlegen. Dann etwa 12 Minuten auf oberer Schiene grillen. 6 Nach der Hälfte der Garzeit die Spießchen wenden.

7 Für die Sauce das Öl mit dem Tomatenketchup verrühren. 8 Paprikaschote putzen und fein würfeln. 9 Die Zwiebel schälen und in kleine Würfel schneiden. 10 Die Paprika- und Zwiebelwürfel unter die Sauce mengen. 11 Dann mit Cayennepfeffer, Worcestersauce, Zucker und Salz scharf abschmecken. 12 Die Sauce zu den Hackfleischpießchen servieren. Dazu passt Devilled Corn.

20

Devilled Corn – Maiskolben nach Teufelsart

Für 4 Personen

4 Maiskolben (mit Blättern)
2 EL Olivenöl
3 EL Sonnenblumenöl
1 EL Paprikapulver edelsüß
1 Prise Cayennepfeffer
1 TL gemahlener Kümmel
etwas Salz
schwarzer Pfeffer

1 Die Maiskolben etwa 1/2 Stunde in Wasser einweichen. Den Backofengrill auf 200 °C vorheizen. 2 Die beiden Öle mit Paprikapulver, Cayennepfeffer und Kümmel zu einer Marinade verrühren. 3 Von den eingeweichten Maiskolben die Blätter nach unten ziehen und die seidenen Fasern entfernen. Die Blätter dürfen dabei nicht abgerissen werden. 4 Mit einem Backpinsel die Marinade auf die Maiskolben verteilen. Dann die Blätter wieder schließen und oben mit Küchengarn zusammenbinden.
5 Die Maiskolben auf oberer Schiene im Backofengrill etwa 15 Minuten grillen. Dabei müssen die Kolben alle 5 Minuten gedreht werden, damit sie nicht anbrennen. 6 Falls Sie keinen Grill haben, müssen Sie sie im Backofen 20 bis 25 Minuten garen. Vor dem Servieren die Blätter entfernen.

In der »Vision Tundali«, die von dem irischen Mönch Marcus um 1148 in Regensburg verfasst wurde, ist die Hölle ein Talkessel, der mit brennenden Kohlen gefüllt ist. Auf der Mündung des Tals liegt ein Rost. Dort werden die Seelen der Sünder geröstet, bis sie schmelzen und auf die Kohlen tropfen, wo sie sich entzünden und für neue, ewige Qualen wieder aufsteigen. In der Mitte ist eine Öffnung im Boden und daraus steigt eine Rauch- und Flammensäule. Tief unten in dem Loch liegt der Teufel auf Kohlen. Er zerreißt die Seelen der Verdammten mit seinen hundert Klauen, bevor er sie in die Hölle hineinbläst.

21

Teufelsfrikadellen

Für 4 Personen

2 Zwiebeln
400 g gemischtes Hackfleisch
1 Ei
6 EL Paniermehl
6 EL Chilisauce
1 EL geriebener Meerrettich
1 TL Senfpulver
1 TL Worcestersauce
1/2 TL Cayennepfeffer
1 TL Salz
schwarzer Pfeffer
2 EL Öl
1 TL Paprikapulver edelsüß

1 Die Zwiebeln schälen, eine fein hacken und die andere in feine Ringe schneiden.
2 Die Zwiebelwürfel mit Hackfleisch, Ei, Paniermehl sowie Chilisauce, Meerrettich, Senfpulver, Worcestersauce, Cayennepfeffer, Salz und Pfeffer verkneten.
3 Den Teig zu 4 Frikadellen formen und diese flach drücken.
4 Die Frikadellen in heißem Öl in einer Pfanne anbraten, dann bei geringer Hitze durchbraten. 5 Die Zwiebelringe in Paprikapulver wenden und vor dem Servieren auf die Frikadellen geben.

22 Teufels-Chili

Für 15 bis 18 Personen

Für das Chilipesto
5 Chilischoten (Habañero-Chili)
4 Knoblauchzehen
1 Zwiebel
100 ml Olivenöl

Für das Fleisch
1,5 kg Hähnchenbrust
1,5 kg Schweinefleisch
6 EL Olivenöl
etwas Salz
schwarzer Pfeffer
750 g gemischtes Hackfleisch
1 TL Paprika edelsüß

Für die Sauce
1 Gemüsezwiebel
1 Selleriestange
100 g Champignons
700 ml Tomatensaft
170 g Tomatenmark
300 ml Bier
100 ml Whiskey
1 EL brauner Zucker
1 EL Limonensaft
1 EL getrocknetes Basilikum
1 EL Paprikapulver edelsüß
1 EL getrockenter Oregano
4 TL Chilipulver
2 TL Salz
1 TL schwarzer Pfeffer
3 Chilischoten (Habañero-Chili)
5 grüne Chilischoten
5 rote Chilischoten

1 Die Chilischoten waschen, putzen, aber nicht entkernen. Dann in kleine Stücke schneiden und in ein hohes Gefäß geben. 2 Zwiebel und Knoblauchzehen schälen, klein schneiden und zu den Schoten geben. 3 Das Olivenöl dazugießen und das Ganze mit einem Mixstab zu einer cremigen Masse pürieren.

4 Hähnchen- und Schweinefleisch in Würfel schneiden. 5 Etwa 2 Esslöffel Olivenöl in einer großen Pfanne erhitzen. 6 Das Fleisch portionsweise anbraten, salzen und pfeffern. 7 Etwas Olivenöl immer wieder in die Pfanne gießen, zum Schluss das Hackfleisch krümelig braten und mit Salz, Pfeffer und Paprika würzen. 8 Das ganze Fleisch beiseite stellen.

9 Die Gemüsezwiebel schälen und in feine Streifen hacken, die Selleriestange waschen und in kleine Stücke schneiden, die Champignons putzen und in Scheiben schneiden. 10 Tomatensaft, Tomatenmark, Bier und Whiskey in einen sehr großen Topf erhitzen. 11 Mit Zucker, Limonensaft, Basilikum sowie Paprikapulver, Oregano, Chilipulver, Salz und Pfeffer würzen. 12 Das Gemüse und die Pilze dazugeben und bei geringer Hitze etwa ½ Stunde köcheln lassen, dabei gelegentlich umrühren.

13 Das Chilipesto in die Gemüsesauce einrühren. Zugedeckt bei großer Hitze etwa 10 Minuten kochen. 14 Das Fleisch hinzufügen. 15 Die Chilischoten waschen, putzen und in feine Ringe schneiden, zusammen mit den Kernen in den Topf geben. Zugedeckt bei geringer Hitze 1 bis 1½ Stunden schmoren lassen, dabei ab und zu umrühren.

Er musste bemerkt haben, dass sie fröstelte, denn er war – ohne einen Laut zu machen – zum Kamin gegangen und legte nun Scheit um Scheit nach, ohne sie aus den Augen zu lassen. Die Flammen loderten hoch für einen kurzen Moment, dann stand er wieder hinter ihr und wartete, dass sie den Gang beendete.

Wo der Teufel Koch ist,
da gibt es schlechte Suppen.
[Deutsches Sprichwort]

23 Teufelssuppe

Für 4 Personen
500 g Schweinefleisch
250 g Rauchfleisch
250 g mageres Rindfleisch
6 Zwiebeln
3-4 Knoblauchzehen
4 Karotten
5-6 EL Butter
1 l Rinderbrühe
1 Lorbeerblatt
6 EL Tomatenmark
schwarzer Pfeffer
2 TL Cayennepfeffer
2 TL Paprikapulver edelsüß
100 ml Weinbrand
etwas Zucker

1 Schweinefleisch, Rauchfleisch und Rindfleisch in kleine Würfel schneiden. 2 Die Zwiebeln schälen und fein würfeln. 3 Die Knoblauchzehen schälen. 4 Die Karotten waschen, putzen und fein würfeln. 5 Die Butter in einem Topf erhitzen, das Fleisch mit den Zwiebeln darin anbraten. 6 Mit der Rinderbrühe ablöschen. 7 Die Knoblauchzehen durch die Presse zum Fleisch drücken. Karottenwürfel, Lorbeerblatt und Tomatenmark hinzugeben und alles garen. 8 Die Teufelssuppe mit Pfeffer, Cayennepfeffer, Paprikapulver, Weinbrand und etwas Zucker kräftig abschmecken.

24 Teufelslamm

Für 4 Personen

500 g Lammfleisch
etwas Salz
schwarzer Pfeffer
etwas Cayennepfeffer
1 Zwiebel
2 Knoblauchzehen
3 EL Olivenöl
125 ml trockener Weißwein
1 TL gehackter Rosmarin
200 g Reis
1 - 2 TL Kurkuma

1 Das Fleisch in etwa 3 cm große Würfel schneiden. Mit Salz, Pfeffer und Cayennepfeffer würzen. 2 Die Zwiebel und die Knoblauchzehen schälen und fein hacken. 3 Das Öl in einer Pfanne erhitzen, dann das Lammfleisch zusammen mit Zwiebel und Knoblauch anbraten. 4 Mit dem Wein ablöschen und mit dem Rosmarin abschmecken. Das Ganze solange schmoren lassen, bis der Wein eingekocht ist.

5 Den Reis in etwa 400 ml Salzwasser zum Kochen bringen und bei geringer Hitze etwa 20 Minuten quellen lassen. 6 Mit Kurkuma den Reis gelb färben, dann zum Teufelslamm servieren.

25 Teufelsnierchen

Für 4 Personen

8 Nieren vom Lamm
1 Zwiebel
60 g Butter
1 TL Senfpulver
4 EL Mehl
350 ml Brühe
1 EL Worcestersauce
1 EL Tomatenmark
etwas Salz
8 Scheiben Toast

1 Die Nieren etwa 2 Stunden wässern, dann der Länge nach halbieren, alle Stränge herausnehmen und den größten Teil des Fetts herausschneiden. 2 Die Hälften in 5 mm dicke Scheiben schneiden. 3 Die Zwiebel schälen und fein würfeln.

4 Die Butter in einer Pfanne erhitzen, die Zwiebel darin anbraten. 5 Die Nieren dazugeben und braten, bis rundherum eine braune Kruste entsteht. Bei geringer Hitze von beiden Seite etwa 1 Minute braten. Nieren herausnehmen und warm stellen. 6 Senfpulver und Mehl in die Pfanne geben und unter Rühren anschwitzen, bis das Mehl goldbraun ist. 7 Mit der Brühe ablöschen. Mit Worcestersauce, Tomatenmark und Salz abschmecken. 8 Dann bei geringer Hitze die Sauce etwa 5 Minuten köcheln lassen. 9 Die Nieren in die Sauce geben und das Ganze etwa 15 Minuten weiter köcheln lassen. 10 Mit den gerösteten Toastbrotscheiben servieren.

26 Carré d'agneau ››Diable‹‹ – Lammkarree Teufelsart

Für 4 Personen

2 Lammkarrees (à 500 g)
schwarzer Pfeffer
1 TL Salz
3 EL Olivenöl
2 EL scharfer Senf
1 Knoblauchzehe
1 EL getrockneter Thymian
100 g Paniermehl
100 ml Brühe
3 Schalotten
4 EL Butter
1 EL Tomatenmark
125 ml Rotwein

1 Die Lammkarrees mit Pfeffer und Salz würzen. 2 Das Olivenöl in einem Bräter erhitzen und das Lamm etwa 5 Minuten von allen Seiten scharf anbraten. 3 Dann das Fleisch auf der Oberseite mit je 1 Esslöffel Senf einstreichen.
4 Die Knoblauchzehe schälen und sehr fein hacken. Den Backofen auf 200 °C vorheizen. 5 Zusammen mit dem Thymian und Paniermehl mischen und auf dem Lammfleisch verteilen. 6 Die Brühe angießen und das Lamm im Bräter auf unterer Schiene etwa 20 Minuten braten. 7 Dann das Fleisch herausnehmen und warm stellen. Den Bratensaft abgießen.
8 In der Zwischenzeit die Schalotten schälen und fein hacken. 9 In dem Bräter etwa 2 Esslöffel Butter erhitzen, die Schalotten darin anschwitzen.
10 Mit etwa ¼ l Bratensaft und Rotwein ablöschen. Mit Tomatenmark, Pfeffer und Salz abschmecken. 11 Die Sauce etwa 5 Minuten kochen lassen, vom Herd nehmen und die Sauce mit der restlichen Butter legieren. 12 Die Sauce über die Lammkarrees geben.

27 Teufelsfondue

Für 4 Personen

1 Knoblauchzehe
400 g Greyerzer
200 g Emmentaler
300 ml Weißwein
1 TL Zitronensaft
4 EL Stärke
4 EL Kirschwasser
schwarzer Pfeffer
1 Msp. Muskat
1 Msp. Cayennepfeffer
1 EL Paprikapulver edelsüß
1 TL Tabasco

1 Die Knoblauchzehe schälen und halbieren. Das Caquelon mit den Schnittflächen des Knoblauchs einreiben. 2 Den Käse fein raspeln und miteinander vermischen. 3 Den Wein mit dem Zitronensaft in das Caquelon gießen und auf dem Herd zum Kochen bringen. 4 Danach bei geringer Hitze den Käse jeweils in kleinen Portionen in die Flüssigkeit geben und darin unter fortwährendem Rühren schmelzen lassen. 5 Die Stärke mit dem Kirschwasser verrühren und in die Käsecreme geben. Diese unter Rühren aufkochen lassen und solange weiter rühren, bis eine sämige Creme entsteht. 6 Zum Schluss mit Pfeffer, Muskat, Cayennepfeffer, Paprika und Tabasco abschmecken. 7 Das Caquelon auf ein heißes Rechaud stellen.
8 Dazu passen verschiedene Wurstsorten und Weißbrot oder ein kräftiges Bauernbrot.

Es riecht nach des Teufels Bratküche.
[Sprichwort]

28 | Pizza ››Fra Diavolo‹‹

Für 2 Personen

Für den Teig
350 g Mehl
1 TL Salz
15 g frische Hefe
185 ml lauwarmes Wasser
1 EL Olivenöl

Für den Belag
3 EL Tomatenmark
2 rote Paprikaschoten
100 g in Scheiben geschnittener Kochschinken
7 Peperoni
½ TL Paprikapulver edelsüß
schwarzer Pfeffer
1 Msp. Cayennepfeffer
2 getrocknete Chilischoten
125 g Mozzarella

1 Mehl und Salz in eine Schüssel geben und miteinander verrühren. 2 Die Hefe in einer kleinen Schüssel mit ein wenig lauwarmem Wasser verrühren und an einem warmen Platz gehen lassen, bis sich Bläschen bilden. 3 Die aufgelöste Hefe ins Mehl gießen, mit dem restlichen Wasser und dem Olivenöl verrühren und alles etwa 10 Minuten lang zu einem homogenen Teig verkneten. 4 Diesen zugedeckt an einem warmen Platz etwa eine ¾ Stunde gehen lassen. 5 Dann nochmals durchkneten und etwa 1 cm dick zu einer runden Fläche ausrollen. Den Backofen auf 200 bis 225 °C vorheizen.
6 Das Tomatenmark auf den Pizzaboden streichen. 7 Die Paprikaschoten waschen, putzen und in dünne Streifen schneiden. 8 Den Kochschinken ebenfalls in dünne Streifen schneiden. Den Pizzaboden gleichmäßig mit Paprika- und Schinkenstreifen belegen. 9 Die Peperoni auf der Pizza verteilen. 10 Mit Paprika, Pfeffer, Cayennepfeffer und den zerriebenen Chilischoten würzen. 11 Die Mozzarellakugel in Scheiben schneiden und über alles verteilen. Die Pizza auf mittlerer Schiene etwa 20 Minuten backen.

Allmählich genoss sie die Situation. Sie begann in der Vorstellung zu schwelgen, von ihm beobachtet zu werden. Ebenso, wie sie mehr und mehr das Mahl genoss, das von Gang zu Gang köstlicher und raffinierter zu werden schien. Und allmählich fiel auch die leichte Beklommenheit von ihr ab, die sie verspürte, seit die das Haus betreten hatte.

»Galletto di Diavolo« – Teufelshähnchen

Für 4 Personen
1 Hähnchen (1,2 kg)
schwarzer Pfeffer
etwas Salz
60 g Butter
4 EL Olivenöl
200 g Zwiebeln
2 Knoblauchzehen
1 kleine scharfe Pfefferschote
500 g Tomaten
4 EL Tomatenmark
1/8 l Geflügelbrühe
1 Zimtstange
2 Zucchini
1 EL grüner Pfeffer

1 Das Hähnchen unter kaltem fließenden Wasser waschen und trockentupfen, mit einer Geflügelschere in 8 Teile schneiden. 2 Die Fleischstücke mit Pfeffer und Salz einreiben. 3 Die Hälfte der Butter zusammen mit der Hälfte des Olivenöls in einer Pfanne erhitzen, die Hähnchenteile von allen Seiten knusprig braten und warm halten.

4 Die Zwiebeln und die Knoblauchzehen schälen und fein hacken. 5 Die restliche Butter zusammen mit dem restlichen Olivenöl in einer Pfanne erhitzen und die gehackten Zwiebeln darin andünsten. 6 Nun den Knoblauch bei geringer Hitze anbraten und schließlich die Pfefferschote hinzufügen.

7 Die Tomaten mit kochendem Wasser überbrühen, enthäuten, die Kerne entfernen und das Fruchtfleisch in kleine Würfel schneiden. 8 Zusammen mit dem Tomatenmark zu den Zwiebeln geben und kurz dünsten. 9 Die Brühe angießen. Die Zimtstange dazugeben, dann das Ganze etwa 1/2 Stunde bei geringer Hitze schmoren lassen. 10 Mit Pfeffer und Salz abschmecken. Die Zimtstange und die Pfefferschote herausnehmen.

11 Die Zucchini in dünne Scheiben schneiden und in der Pfanne, in der das Hähnchen gebraten wurde, in etwas Öl andünsten. Mit grünem Pfeffer und Salz würzen. 12 Die Hähnchenstücke mit den Zucchinischeiben auf einer großen Platte servieren und dazu die Tomatensauce reichen.

30 | Hähnchen auf Teufelsart

Für 4 Personen

Für das Hähnchen
1 Hähnchen (800 – 900 g)
4 Scheiben durchwachsener Speck
2 TL Senfpulver
Paniermehl
Olivenöl

Für die Sauce
90 g Butter
1/4 l Brühe
1 TL Tomatenmark
2 Eigelb
1 EL saure Sahne
etwas Salz
etwas Zucker
1 EL Zitronensaft
1 Prise Muskat
1/2 Zwiebel
100 ml Weißwein
Paprikapulver edelsüß
1 TL mittelscharfer Senf
schwarzer Pfeffer
1 EL gehackte Petersilie

[1] Das Hähnchen unter kaltem fließenden Wasser waschen und trockentupfen, mit einer Geflügelschere vom Rücken her spalten, öffnen und vorsichtig die Brustknochen entfernen. [2] Den Backofen auf 200 °C vorheizen. [3] Das Senfpulver mit etwa 2 Esslöffeln Wasser zu einer geschmeidigen Paste verrühren. Dann das Hähnchen damit von innen bestreichen. [4] Von außen mit dem Olivenöl bestreichen, das Paniermehl darüber geben und andrücken. [5] Mit den Speckstreifen belegen und etwa 30 Minuten im Ofen braten.
[6] Etwa 30 g Butter in einem Wasserbad zerlassen, dann etwas von der Brühe, das Tomatenmark und 1 Eigelb darunter rühren. [7] Kurz aufschlagen, dann weitere 30 g zerlassene Butter unterschlagen, dann die restliche Brühe und das andere Eigelb einrühren. [8] Wenn die Sauce sämig wird, die restlichen 30 g Butter und die saure Sahne unterrühren. [9] Mit Salz, Zucker, Zitronensaft und Muskat abschmecken. [10] Die Zwiebel schälen und fein würfeln. In einem kleinen Topf die Zwiebelwürfel im Wein stark einkochen, dann abkühlen lassen und unter die Sauce rühren. [11] Mit Paprika, Pfeffer, Senf und Petersilie abschmecken.

31 Gegrilltes Huhn à la Diable

Für 4 Personen
1 Huhn (1,5 kg)
etwas Salz
schwarzer Pfeffer
3 EL Öl
3 EL Senf
3 EL trockener Weißwein
½ TL getrockneter Thymian
½ TL getrockneter Estragon
1 Msp. Cayennepfeffer
½ TL Worcestersauce
6 EL Paniermehl
2 EL Öl

1 Den Grill vorheizen. Das Huhn unter kaltem fließenden Wasser waschen und trockentupfen, mit einer Geflügelschere in 6 Teile schneiden. 2 Die Fleischstücke salzen, pfeffern und mit Öl bestreichen. 3 Die Hühnerteile in eine Grillpfanne legen und etwa 10 cm von der Hitzequelle entfernt unter den Grill schieben. Etwa 5 Minuten grillen, dann umdrehen und weitere 5 Minuten grillen. 4 Senf, Wein, Thymian, Estragon, Cayennepfeffer und Worcestersauce zu einer Marinade verrühren. 5 Die Grillpfanne herausnehmen, das Bratfett abgießen und einen Teil unter die Senfmarinade rühren. 6 Die Hühnerteile mit dieser Marinade bestreichen und in Paniermehl wälzen. 7 Das Fleisch ¼ Stunde ziehen lassen, dann mit etwas Öl beträufeln. 8 Wieder in eine Grillpfanne geben und 15 bis 18 cm von der Hitzequelle entfernt unter den Grill schieben. 9 Etwa 5 Minuten grillen, dann etwas Öl darüber träufeln, wieder etwa 5 Minuten grillen, umdrehen, nochmals Öl darüber geben und zum Schluss etwa 10 Minuten grillen.

32 Flambierte Höllenvögel

Für 4 Personen
1 Hähnchen mit Innereien (800 g)
2 Rebhühner mit Innereien (à 300 g)
etwas Salz
schwarzer Pfeffer
40 g durchwachsener Speck
40 g Butter
4 Zwiebeln
1 Knoblauchzehe
⅛ l Geflügelbrühe
¼ l roter Burgunder
120 g Pfifferlinge
5 Tropfen Tabasco
4 EL Cognac

1 Das Hähnchen und die Rebhühner unter kaltem fließenden Wasser waschen und trockentupfen, dann innen und außen salzen und pfeffern. 2 Den Speck würfeln und in einem großen Topf in Butter anbraten. 3 Dann den Speck herausnehmen und Hähnchen und Rebhühner darin von allen Seiten anbraten.

4 Währenddessen die Geflügelinnereien klein hacken und anschließend dazugeben. Den Backofen auf 220 °C vorheizen.

5 Die Zwiebeln schälen und in Scheiben schneiden. Zum Geflügel geben und anbraten. 6 Den Knoblauch schälen und fein hacken und mit dem gebratenen Speck dazugeben. 7 Nach ein paar Minuten die Geflügelbrühe angießen und das Ganze im vorgeheizten Ofen eine ¾ Stunde schmoren.

8 Während des Schmorens den Rotwein nach und nach über das Geflügel geben und gelegentlich mit dem Bratensaft begießen. 9 Das Geflügel aus dem Ofen nehmen, in jeweils 4 Teile schneiden und warm stellen.

10 Für die Sauce die Pfifferlinge putzen und große Pilze halbieren. 11 Den Geflügelfond erhitzen, die Pfifferlinge etwa 10 Minuten darin garen. 12 Dann mit Salz, Pfeffer und Tabasco abschmecken. 13 Den Cognac in einer Kelle erwärmen und die Geflügelstücke flambieren. Die Sauce zum flambierten Geflügel reichen.

33 Hühnerbrust à la Diable

Für 4 Personen

Für das Geflügel

4 Hühnerbrüste (ohne Haut)
5 EL Dijonsenf
6 EL trockener Weißwein
2 TL Worcestersauce
etwas Salz
schwarzer Pfeffer
10 EL Paniermehl
4 EL Butter
4 EL Öl

Für die Sauce

300 ml Tomatenketchup
6-7 EL Worcestersauce
6-8 Tropfen Tabasco
3 EL Zitronensaft
etwas Salz
2 TL Paprikapulver rosenscharf
2 TL Paprikapulver edelsüß
1 TL Curry
½-1 TL weißer Pfeffer
1 TL getrockneter Thymian
1 Prise Rosmarinpulver
4 Knoblauchzehen

1 Die Hühnerbrüste waschen, trockentupfen und halbieren. Dann mit einem Fleischhammer flach klopfen. 2 Senf, Wein und Worcestersauce miteinander verrühren. 3 Die Hühnerbrüste salzen und pfeffern, von allen Seiten mit der Senfmischung bestreichen und im Paniermehl wenden. Etwa 5 Minuten ruhen lassen. 4 Butter und Öl in einer Pfanne erhitzen, das Fleisch von beiden Seiten braten, herausnehmen und warm stellen.

5 Den Ketchup mit Worcestersauce, Tabasco, Zitronensaft und etwa 150 ml Wasser in eine Schüssel geben und gründlich mit einem Schneebesen verrühren. 6 Die Gewürze und Kräuter nacheinander in die Sauce rühren. 7 Zum Schluss den Knoblauch schälen, durch eine Presse in die Sauce drücken und verrühren. 8 Nochmals abschmecken und eventuell nachwürzen. Die Sauce à la Diable mit den Hähnchenbrüsten servieren.

Und plötzlich bemerkte sie auch,
dass sie sich zu inszenieren begann:
Wie sie die Gabel besonders
langsam zum Mund führte, wie sie
für einen Moment verharrte, ehe sie
das Glas an die Lippen setzte,
um einen winzigen Schluck zu nehmen,
wie sie seinen Blicken begegnete
und mit ihnen zu spielen versuchte …

Als er sich vorbeugte, um ihren Teller fortzunehmen und den nächsten Gang aufzutragen, lehnte sie sich langsam zurück, als wollte sie unterstreichen, dass sie von ihm bedient wurde. Das Essen wurde allmählich zur Nebensache und sie begann das Spiel umzudrehen, indem sie ihn beobachtete, wie er sie beobachtete.

Das Tier aus dem Meer
Fisch
4

Das Tier aus dem Meer

1 Und ich sah ein Tier aus dem Meer steigen, das hatte zehn Hörner und sieben Häupter
und auf seinen Hörnern zehn Kronen und auf seinen Häuptern lästerliche Namen.
2 Und
das Tier, das ich sah, war gleich einem Panther und seine Füße wie Bärenfüße und sein
Rachen wie eines Löwen Rachen.
(Offenbarung 13, 1–2)

34 Teufelshering

Für 4 Personen

4 filetierte Heringe
4 EL scharfer Senf
4 EL Paniermehl
150 ml Öl
1 TL Kapern
1 Lauchzwiebel
3 EL Weißweinessig
½ TL getrockneter Estragon
1 EL Sherry
etwas Salz
schwarzer Pfeffer

1 Den Grill auf höchste Stufe vorheizen. 2 Die Heringe waschen, trockentupfen und die Haut kreuzweise einritzen. Dann mit Senf bestreichen und mit Paniermehl bestreuen. 3 Mit etwas Öl betropfen und etwa 5 Minuten bei hoher Hitze grillen. Die Filets umdrehen und weitere 5 Minuten bei mittlerer Hitze grillen. 4 Die Kapern fein hacken und die Lauchzwiebel waschen, putzen und in feine Ringe schneiden. 5 Aus dem restlichen Öl, Essig, Sherry, Kapern, Zwiebelringen und Estragon eine Marinade bereiten, diese mit Salz und Pfeffer abschmecken. 6 Die Marinade über die gegrillten Heringe geben.

35 Teufelsstinte

Für 4 Personen
4 Stinte (à 300 g)
4 EL Mehl
1/4 TL Salz
1 TL Senfpulver
1/4 TL Cayennepfeffer
1/2 TL Paprikapulver edelsüß
1/2 TL geriebene Zitronenschale
Pflanzenöl zum Frittieren
2 TL gehackte Petersilie
Streifen von Zitronenschalen
4 Zitronenspalten
4 Zweige Dill

1 Die Stinte vorsichtig schuppen und ausnehmen. Die Kiemen mit einer kleinen Schere entfernen. Dann unter kaltem Wasser abspülen und trockentupfen.
2 Mehl, Salz, Senfpulver, Cayennepfeffer, Paprika und geriebene Zitronenschale in einer flachen Schale vermischen. 3 Die Stinte darin wälzen, bis sie ganz bedeckt sind.
4 Das Öl in einer Fritteuse oder Topf auf 190 °C erhitzen. 5 Die Stinte einzeln in den Frittierkorb geben, in das Öl tauchen und einige Minute frittieren. 6 Die Stinte herausnehmen, auf ein mit Küchenkrepp ausgelegtes Backblech geben und im vorgewärmten Backofen warm halten. 7 Je 1 Stint auf einen vorgewärmten Teller legen, mit gehackter Petersilie und Zitronenschale bestreuen sowie mit 1 Zitronenspalte und 1 Zweig Dill servieren.

Dill gilt als zauberkräftiges Kraut. Vor allem in Norddeutschland wird ihm eine Schutzwirkung gegen Hexen und den Teufel zugesprochen. So kann »gedilltes Fleisch«, sowohl lebendes als auch totes Tier- und Menschenfleisch, durch Dill vor des Teufels Zauberei geschützt werden. In Sachsen wird Dill zum Brotbacken verwendet.

36 Gewürzheringe in Teufelssauce

Für 4 Personen
6–8 Salzheringe
4 große Zwiebeln
3 Lorbeerblätter
6 Senfkörner
12 Pfefferkörner
4 Gewürznelken
6 EL Zucker
12 EL Zitronenessig
1 Glas eingelegte rote Paprikaschoten
2 Gewürzgurken
6 EL Tomatenketchup
2 EL Paprikamark
2 TL Curry
8 EL Olivenöl

1 Dieses Rezept erfordert eine Vorbereitung von 3 Tagen. 2 Die Heringe 2 Tage wässern, dann enthäuten, filetieren und in Streifen schneiden. 3 Die Zwiebeln schälen und in Ringe schneiden. 4 Die Gewürze mit dem Zucker im Essig aufkochen, den Sud heiß über den Fisch geben. 5 Etwa 1 Tag zugedeckt im Kühlschrank stehen lassen, dann die Heringe aus dem Sud nehmen. 6 Die Paprikaschoten und die Gewürzgurken klein schneiden und zum Hering geben. 7 Aus Ketchup, Paprikamark, Curry und Öl eine Sauce herstellen. 8 Die Sauce unter die klein geschnittenen Zutaten heben und das Ganze mindestens 1 Stunde ziehen lassen.

37 Matjes in Teufelssauce

Für 4 Personen
8 Matjesfilets
1/4 l Milch
1 große Gewürzgurke
200 ml Tomatenketchup
2 TL Senf
1 TL Kapern
1 EL Sojasauce
etwas Salz
schwarzer Pfeffer
1/2 TL Cayennepfeffer
3 Zwiebeln
1/4 Kopf Eisbergsalat
1 EL Schnittlauchröllchen

1 Die Matjesfilets in die Milch einlegen und etwa 1/2 Stunde ziehen lassen. 2 Die Gewürzgurke in kleine Würfel schneiden. 3 Den Tomatenketchup mit Gurkenwürfeln, Senf, Kapern und Sojasauce vermischen. Die Sauce mit Salz, Pfeffer und Cayennepfeffer abschmecken. 4 Die Zwiebeln schälen und in dünne Ringe schneiden. 5 Die Matjefilets aus der Milch nehmen, trockentupfen und in Streifen schneiden. 6 Einige Zwiebelringe zurücklassen, die restlichen mit den Matjesstreifen in die Sauce geben. Das Ganze etwa 1 Stunde kalt stellen. 7 Den Eisbergsalat putzen, waschen, trockenschleudern und kleine Glasschälchen mit Salatblättern auslegen. 8 Den Matjessalat gleichmäßig auf die Glasschälchen verteilen. Mit Zwiebelringen und Schnittlauchröllchen garnieren.

Polenta dell'Inferno
Höllenpolenta

Für 4 Personen
1 TL Salz
250 g Maisgrieß (Bramata-Sorte, grobkörnig)
100 g Sardellenfilets
500 g Zwiebeln
6 EL Olivenöl
1 kleine Pfefferschote
2 EL Tomatenmark
1 Knoblauchzehe
1 Zweig Salbei
1 EL Kapern
schwarzer Pfeffer
2 EL Rotwein

1 In einem großen Topf etwa 1 l Salzwasser aufkochen. Den Maisgrieß einrieseln lassen. Etwa $1/2$ Stunde unter ständigem Rühren zu einem dicken Brei kochen.
2 Den fertigen Maisbrei auf ein großes Holzbrett geben, etwa 3 cm dick ausstreichen und abkühlen lassen.
3 Für die Sauce die Sardellen wässern. 4 Die Zwiebeln schälen, in dünne Ringe schneiden und diese in etwas Öl dünsten, bis sie glasig sind. 5 Die Pfefferschote waschen, putzen und klein würfeln. Mit dem Tomatenmark und etwas Wasser vermengen, dann zu den Zwiebelringen hinzufügen. 6 Die Sardellen trockentupfen, klein schneiden und ebenfalls dazugeben. Etwa auf die Hälfte einkochen lassen. 7 Knoblauch schälen. Den Salbei waschen, trockentupfen, die Blätter vom Stängel zupfen und zusammen mit dem Knoblauch fein hacken. 8 Dann mit den Kapern zur Sauce geben. 9 Alles mit Salz, Pfeffer und Rotwein abschmecken und noch einige Minuten köcheln lassen.
10 Das restliche Öl in einer großen Pfanne erhitzen. 11 Den Maisbrei in Scheiben schneiden. Die Polentascheiben in Portionen von beiden Seiten goldgelb braten.
12 Die Polentascheiben mit der Teufelssauce übergießen und heiß servieren.

39 Teufelslangostinos

Für 4 Personen
600 g küchenfertige TK-Langostinoschwänze
1 TL Knoblauchsalz
1 TL Selleriesalz
200 g Reis
200 g TK-Erbsen
5 EL Öl
Saft einer Zitrone
1 Msp. Cayennepfeffer
1 TL Curry

1 Die Langostinoschwänze auftauen lassen, kalt abbrausen, trockentupfen und mit Knoblauchsalz und Selleriesalz einreiben. 2 Den Reis in etwa 400 ml Salzwasser zum Kochen bringen und dann bei geringer Hitze etwa 20 Minuten quellen lassen. 3 Die Erbsen auftauen lassen. 4 Das Öl in einer großen Pfanne erhitzen, die Langostinoschwänze etwa 3 Minuten von einer Seite braten, dann umdrehen. 5 Alles mit Zitronensaft beträufeln und mit Cayennepfeffer und ½ Teelöffel Curry bestäuben. Weitere 3 Minuten braten. 6 Die Erbsen mit dem restlichen Curry etwa 5 Minuten vor Ende der Quellzeit unter den Reis heben. 7 Die Langostinoschwänze auf dem Erbsenreis servieren.

40 Seeteufeltiegel

Für 4 Personen
1 Zwiebel
120 g Cheddar
4 Seeteufelfilets
¼ l Milch
½ TL Salz
schwarzer Pfeffer
1 TL Senfpulver
1 TL Worcestersauce

1 Die Zwiebel schälen und fein hacken, den Käse fein reiben. Den Backofen auf 210 °C vorheizen. 2 Die Zwiebelwürfel mit der Hälfte des Käses vermischen und den Boden einer feuerfesten Form damit bedecken. 3 Die Fischfilets waschen, trockentupfen und in die Form legen. Salzen und pfeffern, dann mit dem restlichen Käse bestreuen. 4 Die Milch mit Salz, frisch gemahlenem Pfeffer, Senfpulver und Worcestersauce verrühren und über den Auflauf gießen. 5 Etwa ½ Stunde auf mittlerer Schiene backen. 6 Dazu Folienkartoffeln reichen.

Die feinen Speisen rührte sie kaum noch an, kostete nur mehr, um sich dann zurückzulehnen und zu ihm zu blicken, auf dass er zu ihr an den Tisch trat, um abzuräumen und die nächsten Leckereien zu bringen, die da noch auf sie warteten.

Insgeheim fragte sie sich, wie weit das Spiel noch gehen würde …

41 Scampi »Fra Diavolo«

Für 4 Personen

500 g Tomaten
1 Zwiebel
2 Knoblauchzehen
2 EL Öl
2 EL Chilisauce
etwas Salz
schwarzer Pfeffer
1 Prise Zucker
1 TL getrockneter Oregano
½ TL getrocknetes Basilikum
⅛ l Brühe
60 g Butter
32 küchenfertige TK-Scampi
weißer Pfeffer
⅛ l Weißwein
80 ml Cognac

1 Die Tomaten mit heißem Wasser überbrühen, enthäuten, von Stielansätzen und Kernen befreien. Das Fruchtfleisch klein schneiden. 2 Die Zwiebel und den Knoblauch schälen und fein würfeln. Dann im Öl glasig dünsten. Die Tomatenstücke hinzufügen und etwa 10 Minuten dünsten. 3 Mit Chilisauce, Salz, Pfeffer sowie Zucker, Oregano und Basilikum würzen. 4 Die Brühe angießen und die Sauce weitere 10 Minuten kochen lassen.

5 Die Butter in einer großen Pfanne erhitzen, die Scampi portionsweise darin etwa 3 Minuten braten und dann pfeffern. 6 Zum Schluss alle Scampi in die Pfanne geben, den Wein angießen und alles einmal aufkochen lassen. 7 Etwa 2 Esslöffel Cognac über die Scampi träufeln und den restlichen Cognac in einer Kelle erwärmen, über die Scampi gießen und flambieren. 8 Danach sofort servieren.

42 Teufelskrabben

Für 4 Personen

50 g Butter
5 EL Paniermehl
1 TL Senf
1 TL Worcestersauce
1 EL Sahne
etwas Salz
1 Msp. Cayennepfeffer
½ TL Paprikapulver rosenscharf
½ TL Paprikapulver edelsüß
100 g mit Paprika gefüllte Oliven
250 g geschälte Nordseekrabben

1 Den Backofen auf 220 °C vorheizen. 2 Etwa die Hälfte der Butter mit ⅛ l Wasser, 4 Esslöffeln Paniermehl, Senf, Worcestersauce und Sahne in einem kleinen Topf unter ständigem Rühren zum Kochen bringen. 3 Mit Salz, Cayennepfeffer und Paprika würzen. 4 Die Oliven in dünne Scheiben schneiden, zusammen mit den Krabben in die Sauce geben, alles einmal aufkochen lassen. 5 Dann 4 Auflaufförmchen mit etwas Butter einfetten, die Krabben mit der Sauce hineingeben. 6 Das restliche Paniermehl darüber streuen und auf jedes ein Flöckchen Butter geben. 7 Im Ofen auf der obersten Schiene etwa ¼ Stunde überbacken.

43 Languste auf Teufelsart – Deviled Crab

Für 2 Personen
1 mittelgroße Languste
1 TL milder Senf
4 hart gekochte Eier
1 kleine Zwiebel
1 EL Öl
etwas Salz
½ TL Cayennepfeffer
½ TL Curry
3 EL Sahne
2 EL Schnittlauchröllchen
1 EL Worcerstersauce
2 TL Kapern
2 EL Paniermehl
2 EL Butter

1 Die Languste mit dem Kopf vorweg in kochendes Wasser gleiten lassen. Sie etwa ½ Stunde kochen lassen. 2 Die Antennen und Beine von der Languste trennen. Die Languste dann halbieren, den Darm entfernen. 3 Einen Löffel zwischen Karkasse und Fleisch führen und das Fleisch an den Seiten lösen. Das Langustenfleisch mit einer Gabel aus der Karkasse herauslösen, anschließend in Stücke schneiden. 4 Die Antennen und Beine mit einem spitzen Messer aufbrechen und das Fleisch ebenfalls herauslösen.

5 Den Backofen auf 200 °C vorheizen. 6 Die Eier pellen und die Zwiebel schälen, beides fein hacken. Die Zwiebelwürfel in Öl andünsten, etwas abkühlen lassen.

7 Den Senf mit fein gehackten Eiern, gedünsteten Zwiebelwürfeln, Salz, Cayennepfeffer, Curry, Sahne, Schnittlauchröllchen, Worcestersauce und Kapern zu einer Sauce verrühren. 8 Das Langustenfleisch dazugeben und mit der Sauce bedecken. Die Masse in die leeren Langustenschalen füllen. 9 Das Paniermehl darüber streuen. Die Butterflocken darauf geben. 10 Alles in eine flache, feuerfeste Form geben und etwa ¼ Stunde im Ofen überbacken.

Flambierte Teufelsshrimps

Für 4 Personen
1 Knoblauchzehe
3 EL Mehl
¾ TL Salz
¼ TL Pfeffer aus der Mühle
500 g mittelgroße Shrimps
5 EL Öl
5 EL Cognac

1 Die Knoblauchzehe schälen und fein hacken. 2 Das Mehl mit Knoblauch, Salz und Pfeffer in einer kleinen Schüssel vermischen. 3 Die Shrimps schälen, von den Därmen befreien und waschen. In kleinen Mengen in der Mehlmischung wälzen.

4 Das Öl in einer Pfanne erhitzen und die Shrimps darin 5 bis 8 Minuten goldbraun anbraten. 5 Dann auf einen Teller legen, den Cognac in einer kleinen Pfanne erwärmen, anzünden und über die Shrimps gießen.

45 Deviled Crab Quiche

Für 12 Stücke

Für den Teig
220 g Mehl
½ TL Salz
½ TL Chilipulver
50 g Margarine
50 g Schweineschmalz
50 g geriebener Cheddar
getrocknete Bohnen

Für die Füllung
6 Scheiben Speck
2 Zwiebeln
120 g Krabbenfleisch (aus dem Glas)
3 Eier
80 ml Milch
80 g Sahne
½ TL Senfpulver
¼ TL Cayennepfeffer
Salz

Zum Garnieren
Tomatenscheiben
Petersilie

1 Den Ofen auf 200 °C vorheizen. 2 Mehl mit Salz und Chilipulver in einer Schüssel vermischen. 3 Die Margarine und das Schmalz in kleine Stücke schneiden und mit der Mehlmischung verkneten, sodass Streusel entstehen.
4 Anschließend den Käse hinzufügen und mit den Streuseln vermischen. Zum Schluss etwa 3 Esslöffel kaltes Wasser unterkneten, sodass ein geschmeidiger Teig entsteht.
5 Den Teig auf einer bemehlten Fläche rund ausrollen, dann eine Quicheform damit auslegen. 6 Den Boden mit einer Gabel mehrmals einstechen. 7 Die Quicheform mit Butterbrotpapier auslegen. Anschließend mit getrockneten Bohnen füllen und etwa ¼ Stunde backen. 8 Dann die Bohnen und das Papier entfernen, den Teig nochmals 5 bis 10 Minuten blind backen, bis er goldgelb ist.
9 Den Speck klein schneiden und anbraten. 10 Die Zwiebeln schälen, hacken, hinzufügen und etwa 2 Minuten dünsten. 11 Das Krabbenfleisch zusammen mit dem angebratenen Speck und Zwiebeln auf dem Teigboden verteilen. 12 Eier, Milch und Sahne miteinander verquirlen. Mit Senfpulver, Cayennepfeffer und Salz würzen. 13 Die Eiermilch über die Füllung gießen. Die Quiche 30 bis 35 Minuten backen, bis sie goldgelb ist. 14 Mit Tomatenscheiben und Petersilie garnieren.

46 | ## Jakobsmuscheln auf Teufelsart

Für 4 Personen

Für die Füllung
12 Jakobsmuscheln
100 ml Weißwein
2 Zwiebeln
3 EL Butter
1 Scheibe Toast
100 ml Milch
Salz

Für die Sauce
1 EL Butter
1 EL Mehl
200 ml Milch
etwas Salz
weißer Pfeffer
1 TL Senf
4 - 6 Spritzer Worcestersauce
1 Msp. Cayennepfeffer
3 EL Sahne
1 EL gehackte Petersilie

Zum Überbacken
2 EL Paniermehl
2 EL Butter

1 Den Backofen auf 150 °C vorheizen. 2 Die Muscheln in den Ofen legen, bis sie sich öffnen. Muscheln, die sich nicht öffnen, wegwerfen. 3 Bei den übrigen das Fleisch und Corail auslösen, dieses etwa 10 Minuten im Weißwein dünsten. 4 Den grauen Teil abschneiden und das Fleisch und Corail grob hacken.
5 Für die Sauce die Butter in einem kleinen Topf erhitzen, das Mehl in der Butter anschwitzen. 6 Die Milch einrühren und das Ganze zum Kochen bringen. 7 Mit etwas Salz, Pfeffer, Senf, Worcestersauce und Cayennepfeffer abschmecken sowie mit der Sahne abrunden. 8 Die gehackte Petersilie unterrühren.
9 Den Backofen auf 200 °C vorheizen. 10 Die Zwiebeln schälen und fein hacken. Dann in der Butter andünsten. 11 Die Toastbrotscheibe in Milch einweichen, ausdrücken und mit dem Muschelfleisch, den Zwiebeln und der Hälfte der Sauce vermengen. 12 Die Masse in die gesäuberten Muschelschalen füllen.
13 Mit Paniermehl bestreuen und mit zerlassener Butter beträufeln. Auf mittlerer Schiene etwa 1/4 Stunde im Ofen überbacken.

Wer zum Teufel zu Gast geht,
kommt mit einem verdorbenen
Magen zurück
[Sprichwort]

47 Meeresfrüchte in Sauce Fra Diavolo

Für 4 Personen

Für die Gemüsesauce
½ rote Paprikaschote
1 Knoblauchzehe
½ kleine Zwiebel
2 EL Olivenöl
4 große Tomaten
3 EL Tomatenmark
¼ TL zerstoßener roter Pfeffer
1 TL gehackte Petersilie
Salz

Für die *Marinarasauce*
2 Knoblauchzehen
2 große Dosen Tomaten
70 ml Olivenöl
2 EL getrocknetes Basilikum
schwarzer Pfeffer
etwas Salz

Für das Hauptgericht
8 kleine Venusmuscheln
8 geschälte Shrimps
200 g Jakobsmuschelfleisch
2 Flunderfilets (à 180 g)
¼ TL zerstoßener roter Pfeffer
2 EL gehackte Petersilie

Für die Nudeln
500 g Bandnudeln
Salz

1 Die Paprikaschote putzen und in kleine Würfel schneiden. 2 Die Knoblauchzehe und die Zwiebel schälen und fein hacken. 3 Das Öl in einer großen Pfanne erhitzen, Paprika, Zwiebel und Knoblauch darin glasig dünsten.

4 Die Tomaten mit heißem Wasser überbrühen, enthäuten, entkernen und das Fruchtfleisch in kleine Würfel schneiden. 5 Zusammen mit dem Tomatenmark, Pfeffer, Petersilie und Salz in die Pfanne geben. Etwa 25 Minuten bei sehr milder Hitze einkochen lassen, ab und zu umrühren.

6 Den Knoblauch schälen. 7 Die Tomaten abtropfen lassen und in mundgerechte Stücke schneiden. 8 Das Öl in einer großen Pfanne erhitzen. Den Knoblauch durch die Presse ins heiße Öl drücken und anbraten. 9 Die Tomatenstücke und das Basilikum hinzufügen und etwa ½ Stunde köcheln lassen, dabei ab und zu umrühren. Mit Pfeffer und Salz abschmecken.

10 Die Meeresfrüchte und die Fischfilets in einen großen Topf legen und mit Marinarasauce bedecken. 11 Frisch gehackte Petersilie und roten Pfeffer dazugeben. 12 Im offenen Topf bei mittlerer Hitze 5 bis 7 Minuten kochen, bis sich die Muscheln völlig geöffnet haben. Nicht oder nicht vollständig geöffnete Muscheln müssen weggeworfen werden.

13 Die Bandnudeln in einem großen Topf in brodelndem Salzwasser »al dente« kochen. Anschließend das Kochwasser abgießen und die Bandnudeln auf eine große Platte geben. 14 Die Meeresfrüchte und den Fisch mit einer Schaumkelle aus dem Topf heben und auf den Nudeln anrichten.

15 Mit der Gemüsesauce und der Marinarasauce servieren.

… wie weit er

Mit dem nächsten Gang hatte er eine silberne Sauciere gebracht. Ein für normale Sterbliche kaum wahrnehmbares Kopfnicken von ihr genügte, dass er diese ergriff, um ihr etwas von der tiefroten Sauce auf den Teller zu träufeln.

Genug! dachte sie und hob unwillkürlich die Hände, um ihm Einhalt zu gebieten. Für einen Moment hielt er inne.

48 Teufels-Tomatensauce

Für 4 Personen
3 milde Chilischoten
150 ml Tomatenketchup
90 g Mayonnaise
1 TL Sambal Oelek

1 Die Chilischoten waschen, halbieren, entkernen und fein würfeln.
2 Dann zusammen mit Ketchup, Mayonnaise und Sambal Oelek zu einer Sauce verrühren.

49 Kalte Teufelssauce

Für 4 Personen
8 EL Tomatenketchup
6 EL Öl
2 Zwiebeln
200 g eingelegte Paprikaschoten
2 EL Zitronensaft
1 Prise Zucker
etwas Salz
2 EL Schnittlauchröllchen
2 EL gehackte Petersilie
8 – 10 Spritzer Worcestersauce
8 – 10 Spritzer Tabasco

1 Den Ketchup mit dem Öl verrühren. 2 Die Zwiebeln schälen und fein hacken. 3 Die Paprikaschoten sehr fein würfeln. Beides unter die Sauce rühren. 4 Mit Zitronensaft, Zucker und Salz würzen. 5 Schnittlauch und Petersilie darunter rühren. 6 Alles mit Worcestersauce und Tabasco abschmecken.

Teufelsdreck, auch Asant oder Stinkasant genannt, ist der nach Knoblauch riechende, eingetrocknete Milchsaft aus der Wurzel verschiedener Arten von Doldenblütlern, die im Iran und in Afghanistan heimisch sind. Asant gilt seit dem Altertum im Orient als Arzneimittel und Gewürz, kam durch die Engländer nach Europa und wird vor allem als Bestandteil der Worcestersauce verwendet.

50 Teufelssauce

Für 4 Personen
12 EL Tomatenketchup
4 EL Sojasauce
4 EL Rotweinessig
4 EL Honig
schwarzer Pfeffer
1 Prise Cayennepfeffer
2 EL Paprikapulver edelsüß
2 TL Paprikapulver rosenscharf
3–4 Chilischoten
2–3 Knoblauchzehen
250 g Mayonnaise

1 Den Ketchup mit Sojasauce, Essig und Honig zu einer homogenen Sauce verrühren. 2 Mit Pfeffer, Cayennepfeffer und Paprikapulver würzen. 3 Die Chilischoten waschen, putzen, der Länge nach halbieren und die Kerne entfernen. Die Schoten fein hacken. 4 Den Knoblauch schälen und zerdrücken. Zusammen mit den Chilischoten unter die Sauce rühren. 5 Die Mayonnaise unterrühren und nochmals alles scharf abschmecken.

51 Höllensauce

Für 4 Personen
4 Zwiebeln
200 g in Scheiben geschnittener roher Schinken
2 EL Butter
2 Salzgurken
2 TL Essig
6 EL Tomatenmark
2 getrocknete Chilischoten
schwarzer Pfeffer
etwas Salz

1 Die Zwiebeln schälen und fein hacken. 2 Den Schinken würfeln. 3 Die Butter in einer Pfanne erhitzen, beides darin anbraten. 4 Die Salzgurken fein würfeln. 5 Essig, Tomatenmark, Gurkenwürfel dazugeben. 6 Die Chilischoten im Mörser zerstoßen und zur Sauce hinzufügen. 7 Mit Pfeffer und Salz abschmecken und etwa 5 Minuten bei geringer Hitze köcheln lassen.

52 Sauce Diavolo

Für 4 Personen
1 rote Paprikaschote
2 Knoblauchzehen
1 kleine Zwiebel
4 EL Olivenöl
8 große Tomaten
6 EL Tomatenmark
½ TL zerstoßener roter Pfeffer
2 TL gehackte Petersilie
Salz

1 Die Paprikaschote putzen und in kleine Würfel schneiden. 2 Die Knoblauchzehe und die Zwiebel schälen und fein hacken. 3 Das Öl in einer großen Pfanne erhitzen, Paprika, Zwiebel und Knoblauch darin glasig dünsten.
4 Die Tomaten mit heißem Wasser überbrühen, enthäuten, entkernen und das Fruchtfleisch in kleine Würfel schneiden. 5 Zusammen mit dem Tomatenmark, Pfeffer, Petersilie und Salz in die Pfanne geben. 6 Etwa 25 Minuten bei sehr milder Hitze einkochen lassen, ab und zu umrühren.

53 Sauce »Fra Diavolo«

Für 4 Personen
8 große Tomaten
1 rote Paprikaschote
4 Knoblauchzehen
1 kleine Zwiebel
200 ml Olivenöl
6 EL Tomatenmark
4 EL Paprikamark
1 TL zerstoßener roter Pfeffer
etwas Salz
2 EL gehackte Petersilie

1 Die Tomaten mit heißem Wasser überbrühen, enthäuten, entkernen und das Fruchtfleisch in kleine Würfel schneiden. 2 Die Paprikaschote waschen, putzen und in kleine Würfel schneiden. 3 Die Knoblauchzehen und die Zwiebel schälen und fein hacken. 4 Das Öl in einer großen, schweren Pfanne erhitzen. Zwiebel- und Knoblauchwürfel darin glasig dünsten. Paprika- und Tomatenwürfel dazugeben. 5 Mit Tomaten-, Paprikamark, Pfeffer und Salz würzen. 6 Bei geringer Hitze etwa eine ½ Stunde köcheln lassen, ab und zu umrühren. 7 Die Sauce in eine Sauciere geben und mit Petersilie bestreuen.

54 Mexikanische Teufelssauce

Für 4 Personen
3 getrocknete Chilischoten (Chili anchos)
1 Knoblauchzehe, 1/2 Zwiebel
1 EL Tomatenmark
1 EL Paprikamark
etwas Salz, schwarzer Pfeffer

1 Den Backofen auf 150 °C vorheizen. 2 Die Chilischoten im Ofen etwa 5 Minuten rösten, bis sie duften. Dann abkühlen lassen, aufschlitzen und die Kerne entfernen. Das Fruchtfleisch grob hacken. 3 Die Knoblauchzehe und die Zwiebel schälen und fein hacken. 4 Dann 1/4 l Wasser in einem kleinen Topf zum Kochen bringen. Chili, Zwiebel- und Knoblauchwürfel sowie Tomatenmark, Paprikamark dazugeben. 5 Die Sauce etwa 1/2 Stunde köcheln lassen. 6 Dann alles pürieren, salzen und pfeffern. 7 Kalt servieren.

55 Teufelstunke

Für 4 Personen
2 Schalotten
5-6 EL Johannisbeer- oder Preiselbeergelee
4 EL scharfer Senf
4 EL Weißwein
4 hart gekochte Eigelb
etwas Salz, schwarzer Pfeffer

1 Die Schalotten schälen und fein würfeln. 2 Das Gelee mit der fein gehackten Schalotte, dem Senf und dem Wein verrühren. 3 Dann die Eigelbe durch ein Sieb streichen und unter die Sauce rühren. 4 Mit Salz und Pfeffer abschmecken.

56 Teufelsmarinade zum Grillen

Für 4 Personen
6 EL Tomatenketchup
2 EL Sojasauce
2 TL Rotweinessig
1-2 EL Honig
schwarzer Pfeffer
1 Msp. Cayennepfeffer
1 TL Curry
1 EL Paprikapulver edelsüß
1 TL Paprikapulver rosenscharf
2-3 Chilischoten
1-2 Knoblauchzehen

1 Ketchup, Sojasauce, Essig und Honig miteinander zu einer homogenen Sauce verrühren. 2 Mit den Gewürzen scharf abschmecken. 3 Die Chilischoten waschen, putzen, der Länge nach halbieren und entkernen. Dann fein hacken. 4 Die Knoblauchzehen schälen und zerdrücken. 5 Beides unter die Sauce rühren.

Wer mit dem Teufel isst,
muss einen langen Löffel haben.
[Deutsches Sprichwort]

57 Teufelsremoulade

Für 4 Personen

Für die Mayonnaise
2 Eigelb
2 Msp. Salz
2 Msp. Zucker
1 Prise schwarzer Pfeffer
1 TL Senf
1 TL Zitronensaft
¼ l Öl
1 EL Weinessig

Für die Sauce
2 Sardellenfilets
3 hart gekochte Eier
1 Zwiebel
1 Bund frische Petersilie
1 TL Kapern
1 Gewürzgurke
1 EL grüne Pfefferkörner
1 EL Senf
1 Msp. Cayennepfeffer
1 Prise Zucker

1 Alle Zutaten müssen Raumtemperatur haben. 2 Die Eigelbe mit Salz, Zucker, Pfeffer, Senf und 1 Esslöffel heißem Wasser schaumig schlagen. 3 Den Zitronensaft dazugeben, ein paar Minuten stehen lassen. 4 Das Öl Tropfen für Tropfen mit einem Schneebesen einrühren. Wenn die Sauce beginnt, dickflüssig zu werden, einige Tropfen Essig unterrühren. 5 Mit dem Öl fortfahren, bis alles verbraucht ist. Wird die Sauce zu dick, etwas Essig unterrühren.
6 Die Sardellenfilets wässern. 7 Die Eier und die Zwiebel schälen und fein würfeln. 8 Die Petersilie waschen, trockenschütteln und die Blätter von den Stielen zupfen. 9 Kapern, Sardellenfilets, Gewürzgurke und Petersilie sehr fein hacken. 10 Alles unter die Mayonnaise rühren. 11 Die Remoulade mit den zerdrückten Pfefferkörnern, Senf, Cayennepfeffer und Zucker abschmecken.

Auch wenn sie bei den letzten Gängen nur mehr gekostet, am Wein nur noch genippt hatte, wusste sie, dass sie keinen weiteren Bissen herunterkriegen würde.

Doch schon öffnete sich die Tür und er brachte den Höhepunkt des Mahls herein: das Dessert.

Verführerisch und fast gespenstisch loderten die blassen Flammen über den roten Früchten.

Satan, der Versucher
Desserts
6

Satan, der Versucher

Eisbombe »Roter Teufel«

Für 8 Personen
500 g Zucker
200 g Kirschen (aus dem Glas)
100 ml Curaçao
8 Eigelb
400 g Sahne
1 l Erdbeereis

[1] Aus dem Zucker und 1 l Wasser Läuterzucker kochen. [2] Ab und zu den Schaum abschöpfen und auf ¼ l einkochen. Dann abkühlen lassen.
[3] Die Kirschen etwa 2 Stunden im Curaçao einlegen. [4] Den Läuterzucker mit den Eigelben im Wasserbad aufschlagen. [5] Wenn die Masse dick und schaumig ist, sie in einem kalten Wasserbad unter Schlagen abkühlen lassen. [6] Die Kirschen aus dem Curaçao nehmen und vierteln. [7] Die Sahne steif schlagen. Dann 2 Esslöffel Curaçao, die Kirschen und die Sahne unter die Eigelbmasse ziehen.
[8] Das Ganze etwa 2 Stunden ins Gefrierfach stellen. [9] Eine gut gekühlte runde Form etwa 1 cm dick mit Erdbeereis ausstreichen, dann die Sahnemasse einfüllen und das Ganze mehrere Stunden im Gefrierfach frieren lassen.

59 Flammendes Teufelseis

Für 4 Personen
500 g Vanilleeis
2 Aprikosen
2 Orangen
2 Mandarinen
4 EL Grand Marnier
4 EL gehobelte Mandeln
2 Eiweiß
100 g Zucker

[1] Den Backofengrill auf höchster Stufe vorheizen. [2] Das Vanilleeis in dicke Scheiben schneiden und fächerförmig in eine Gratinform legen. [3] Die Aprikosen schälen, entkernen und in dünne Spalten schneiden. [4] Die Orangen und Mandarinen schälen und filetieren. [5] Das Obst gleichmäßig auf dem Eis verteilen. [6] Alles mit Grand Marnier beträufeln und mit den gehobelten Mandeln bestreuen.
[7] Die Eiweiße steif schlagen. Dann den Zucker einrieseln lassen. [8] Die Baisermasse über das Eis verteilen. [9] Das Eis etwa 3 Minuten überbacken.

Der Teufel hat ein verleckert Maul, er frisst gern das Allerbeste wie der Bär den Honig.

[Sprichwort]

60 Crêpes Diavolo mit flambierten Erdbeeren

Für 4 Personen

Für die Crêpes

500 g Roggenmehl
¼ TL Salz
2 Eier
130 g Butter
300 ml trockener Cidre

Für die Füllung

300 g Erdbeeren
4 EL Zucker
4 EL roter Burgunder
4 EL Kirschwasser
4 EL gehobelte Mandeln
2 EL Puderzucker

1 Das Mehl und Salz in eine große Schüssel geben. In der Mitte des Mehls eine kleine Mulde drücken. 2 Die leicht verschlagenen Eier dort hineingeben. 3 Kurz vermischen, dann den Cidre und etwa ½ l Wasser dazugeben und alles zu einem glatten Teig verrühren. 4 Etwa 100 g Butter schmelzen und darunter rühren. 5 Den Teig einige Stunden bei Zimmertemperatur stehen lassen.

6 Etwas Butter in einer großen Pfanne mit einem flachen Boden erhitzen.

7 Dann eine kleine Kelle Teig in die Mitte der Pfanne gießen. Durch Schwenken der Pfanne den Teig gleichmäßig verteilen. 8 Die Crêpe von beiden Seiten goldgelb backen und warm stellen. 9 Den restlichen Teig ebenso verarbeiten und die fertigen Crêpes warm stellen.

10 Für die Füllung die Erdbeeren waschen und putzen. 11 Den Zucker in einer anderen Pfanne schmelzen lassen. 12 Mit dem rotem Burgunder ablöschen. Die Erdbeeren dazugeben. 13 Das Kirschwasser anwärmen, über die Erdbeeren gießen und flambieren.

14 Von den Erdbeeren jeweils eine kleine Portion auf die Mitte jeder Crêpe setzen und diese zur Hälfte umschlagen. 15 Mit gehobelten Mandeln und Puderzucker garnieren.

In der Mystik gilt die Erdbeere als Symbol für den Teufel. Verliert ein Kind beim Pflücken von Erdbeeren eine Frucht, so muss es diese, dem Volksglauben nach, auf dem Boden liegen lassen, denn sie gehört nun dem Teufel.

61 Diavolini
Ingwer-Crème-Brûlée

Für 4 Personen
4 große Eigelb
5 EL Zucker
400 g Sahne
1 1/4 TL Vanilleextrakt
3 EL kandierter Ingwer
2 EL Himbeerkonfitüre

1 Den Backofen auf 175 °C vorheizen. 2 Die Eigelbe mit 3 Teelöffeln Zucker zu einer schaumigen Masse schlagen. 3 Die Sahne steif schlagen und den Vanilleextrakt unterrühren. 4 Die Sahne unter die Eigelbmasse heben. 5 Den Ingwer in sehr feine Scheiben schneiden und die Böden von 4 Gratinförmchen damit auslegen. 6 In die Mitte ein wenig Himbeerkonfitüre geben. 7 Nun die Sahne-Eigelb-Masse in die Förmchen füllen und diese in eine feuerfeste Kasserolle stellen. 8 Diese mit warmen Wasser füllen, bis die Förmchen zur Hälfte im Wasser stehen. 9 Die Ingwercreme auf mittlerer Schiene im Ofen etwa 50 Minuten backen, bis die Oberfläche der Creme goldbraun ist. 10 Das Ganze auskühlen lassen und die Gratinförmchen etwa 3 Stunden in den Kühlschrank stellen.

11 Den Grill vorheizen. Den restlichen Zucker gleichmäßig auf die Creme streuen. 12 Die Förmchen in eine Backofen-taugliche Pfanne setzen, die mit sehr kaltem Wasser oder mit Eiswürfeln gefüllt ist. Diese Pfanne in den Küchengrill stellen. Der Abstand zwischen Grillröhren und Cremeoberfläche sollte 5 cm betragen. 13 Das Ganze etwa 1/2 Minute karamellisieren. Dann sofort servieren.

62 Teufelsguaven

Für 4 Personen
6 Guaven
1 Dose Mandarinen
200 g Kirschen (aus dem Glas)
1 EL Zitronensaft
3 EL Cherry Brandy
120 g Zucker
40 g Walnusskerne
2 Eiweiß

1 Den Grill des Backofens auf höchster Stufe vorheizen. 2 Die Guaven schälen, die Kerne entfernen und das Fruchtfleisch in Scheiben schneiden. 3 Zusammen mit den Mandarinen und Kirschen in eine Auflaufform geben. 4 Zitronensaft, Brandy und 2 Esslöffel Zucker verrühren und über das Obst träufeln. 5 Die Walnüsse hacken und ebenfalls darüber geben. 6 Die Eiweiße steif schlagen. Dann den Zucker einrieseln lassen. 7 Die Baisermasse über das Obst geben. 8 Das Obst etwa 3 Minuten überbacken. Die Auflaufform muss etwa eine Handbreit unter dem Grill stehen.

63 Devil's Food – ››Des Teufels Nahrung‹‹

Für 12 Stücke

Für den Teig
4 EL Butter
200 g Mehl
100 g Zartbitterschokolade
170 g Zucker
3 Eier
250 ml Milch
3 TL Vanillezucker
1 Prise Salz
1 TL Backpulver

Für die Füllung
500 g Sahne
1 TL Vanillezucker
3 EL Puderzucker
2 EL Kakaopulver
2 EL Borkenschokolade

1 Eine Springform (etwa 24 cm Durchmesser) mit etwas Butter einfetten und mit Mehl ausstreuen. Den Backofen auf 180 °C vorheizen. 2 Die Schokolade langsam im heißen Wasserbad schmelzen. 3 Die Eier trennen. Etwa 60 g Zucker mit der Hälfte der Milch und 1 Eigelb verrühren, unter die Schokolade rühren und abkühlen lassen.

4 Die Eiweiße steif schlagen, dabei etwa 30 g Zucker einrieseln lassen. 5 Die restliche Butter mit Vanillezucker und restlichem Zucker schaumig rühren, 2 Eigelbe, die restliche Milch, Salz, Mehl und Backpulver unterrühren. 6 Dann die Schokoladenmasse unterziehen und vorsichtig den Eischnee unterheben.

7 Den Teig in die Springform füllen und 40 bis 50 Minuten auf mittlerer Schiene backen. Den fertigen Kuchen auskühlen lassen.

8 Die Sahne mit Vanille- und Puderzucker steif schlagen, dann das Kakaopulver unterrühren. 9 Die Torte horizontal halbieren, mit einem Teil der Kakaosahne füllen. 10 Dann wieder zusammensetzen, mit der restlichen Kakaosahne überziehen und mit Borkenschokolade bestreuen.

64 Red Devil's Cake

Für 12 Stücke
110 g Butter
200 g Zucker
2 Eier
4 EL Kakaopulver
1 TL rote Lebensmittelfarbe
2 EL heißer Kaffee
200 g Mehl
1 TL Salz
1 TL Natron
1 TL Vanilleextrakt
150 ml Buttermilch

1 Die Butter schaumig rühren, dann nach und nach den Zucker unterrühren.

2 Die Eier miteinander verschlagen und unter die Butter rühren. 3 Den Backofen auf 190 °C vorheizen. 4 Kakaopulver, rote Lebensmittelfarbe und den heißen Kaffee zu einer cremigen Paste verrühren. Diese unter die Buttercreme rühren.

5 Mehl in eine Schüssel sieben, Salz, Natron und Vanilleextrakt dazugeben.

6 Diese Mischung nach und nach abwechselnd mit der Buttermilch unter die Buttercreme rühren.

7 Den Teig in eine eingefettete und bemehlte Springform (etwa 24 cm Durchmesser) geben und auf mittlerer Schiene etwa 1 Stunde backen.

Er hatte den Raum verlassen, um die nächsten Speisen zu holen. Seltsamerweise fühlte sie sich plötzlich einsam, zugleich aber auf eine unbeschreibliche Art noch immer von ihm beobachtet. Während sie wartete und die alten, düsteren Gemälde über dem Kamin betrachtete, fragte sie sich, wie es wohl weitergehen würde.

65 Teufelskuchen

Für 12 Stücke

Für den Teig
250 g Mehl
½ TL Salz
1 TL Zimt
1 TL Natron
3 EL Buttermilch
125 g Butter
⅛ l Walnussöl
3 EL Kakaopulver
2 Eier
500 g Zucker
5 Tropfen Vanillearoma

Für den Schokoladenüberzug
3 EL Speisestärke
60 g Zartbitterschokolade
1 EL Butter
250 g Zucker
1 TL Crème de Cacao

1 Den Backofen auf 180 °C vorheizen. Eine rechteckige Form (etwa 33 x 23 cm) einfetten und mit Mehl bestäuben. 2 Mehl, Salz, Zimt und Natron miteinander vermischen. Etwa ¼ l Wasser mit der Buttermilch in einer Schüssel verrühren. 3 Die Butter mit dem Öl und dem Kakaopulver in einem kleinen Topf bei geringer Hitze zerlassen, dabei miteinander verrühren. Anschließend leicht abkühlen lassen.

4 Die Eier mit dem Zucker in einer großen Schüssel zu einer cremigen Masse schlagen, Vanillearoma und Kakao-Fett-Gemisch darunter rühren. 5 Die Mehlmischung in 3 Portionen im Wechsel mit der Flüssigkeit dazugeben.

6 Den Teig in die vorbereitete Form geben auf mittlerer Schiene 30 bis 35 Minuten backen. Den Kuchen in der Form leicht abkühlen lassen.

7 Die Speisestärke in 3 Esslöffeln Wasser auflösen und gut verrühren. 8 Die Schokolade zusammen mit der Butter im Wasserbad schmelzen und glatt rühren. 9 Den Zucker, die Stärkemischung und etwa 200 ml Wasser hinzufügen. 10 Unter ständigem Rühren erhitzen, bis die Mischung eine streichfähige Konsistenz hat. 11 Zum Schluss die Crème de Cacao unterrühren. 12 Leicht abkühlen lassen und den noch warmen Kuchen damit bestreichen.

Der Teufel will nach Cornwall nicht, weil er fürchtet,
in eine Pastete gebacken zu werden.
[Englisches Sprichwort]

66

Luzifers Chilimuffins

Für 12 Stücke

110 g Mehl
110 g Maismehl
1 EL Backpulver
1 TL gemahlener Kümmel
1/2 TL Natron
1/2 TL Salz
1 kleine Zwiebel
1 kleine rote Chilischote
100 g eingelegte Chilischoten (Jalapeño-Chili)
125 g Maiskörner (aus der Dose)
1 Ei
2 EL Maiskeimöl
250 ml Buttermilch

1 Den Ofen auf 220 °C vorheizen. Papierförmchen in die Muffinmulden legen.
2 Mehl, Maismehl, das Backpulver, Kümmel, Natron und Salz in einer Schüssel vermischen.
3 Die Zwiebel schälen und klein hacken. 4 Die Chilischote waschen, putzen und zusammen mit den Jalapeño-Chilis fein hacken. 5 Maiskörner, Chilischoten, Zwiebel, Ei, Öl und Buttermilch gründlich miteinander verrühren. Diese Mischung unter die Mehlmischung rühren.
6 Den Teig mit einem Löffel in die vorbereiteten Muffinförmchen geben. Auf mittlerer Schiene etwa 20 Minuten backen. 7 Dann die Muffins etwa 5 Minuten im Backblech ruhen lassen, aus den Förmchen nehmen und warm servieren.

Plötzlich

Plötzlich stand er wieder
neben ihr, lautlos wie immer
war er an sie herangetreten.
Nun reichte er ihr ein Glas,
vorsichtig griff sie danach,
und für einen Augenblick
berührten sich ihre
Fingerspitzen. Ein leichter
Schauer durchfuhr sie.

Elixiere des Teufels

[1] Bei Cocktails ist es wichtig, die Mengen genau einzuhalten. [2] Die einzelnen Zutaten werden dann in einem Cocktailshaker vermischt, [3] in ein Glas gegeben und [4] nach Belieben garniert.

67 - 69

Devil's Delight

Für 1 Person
20 ml Brandy
20 ml Wodka
20 ml Grand Marnier
20 ml Curaçao
Saft einer Limette
60 ml Sour mix

Devil's Tail

Für 1 Person
10 ml Rum
10 ml Wodka
10 ml Limone Juice
5 ml Grenadine
2 - 3 EL zerstoßenes Eis

Devil's Own Cocktail

Für 1 Person
40 ml Crème de Menthe blanc
40 ml Cognac
2 - 3 Eiswürfel
Paprikapulver zum Garnieren

70 - 72

Satan's Whiskers-Straight

Für 1 Personen
10 ml Orangenlikör
10 ml Orange Bitter
10 ml Orangensaft
10 ml Vermouth dry
10 ml Vermouth bianco
10 ml Gin
2 - 3 Eiswürfel

Little Devil Cocktail

Für 1 Person
15 ml Zitronensaft
15 ml Cointreau
30 ml Bacardi Rum
30 ml Gin
2 - 3 Eiswürfel

Des Teufels Großmutter

Für 2 Personen
40 ml Gin
40 ml Cognac
160 ml Vermouth dry
1 Spritzer Cointreau
1 Spritzer Orange Bitter
1 Spritzer Zitronenöl
2 - 3 EL zerstoßenes Eis

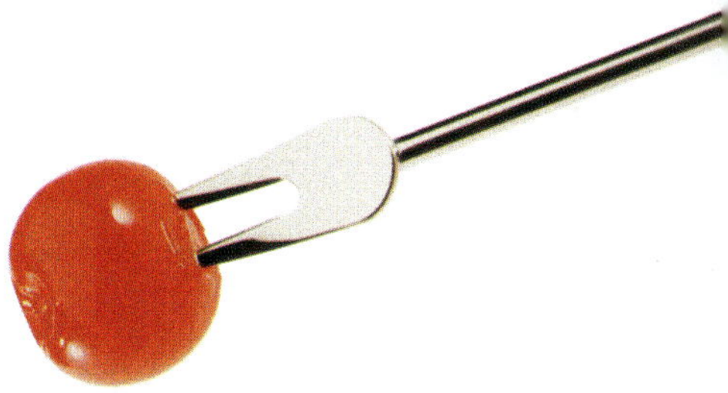

73 - 75

El Diabolo

Für 1 Person

50 ml Tequila
20 ml Crème de Cassis
150 ml Gingerale
Saft von ½ Limette
2 - 3 EL zerstoßenes Eis

Fallen Angel

Für 1 Person

60 ml Gin
20 ml Zitronensaft
2 Spritzer Crème de Menthe
1 Spritzer Angastura Bitter

Old Nick

Für 2 Personen

80 ml Rye Whiskey
40 ml Drambuie
20 ml Orangensaft
20 ml Zitronensaft
2 Spritzer Orange Bitter
Kirschen zum Garnieren

»Old Nick« nennen die Engländer und Schotten den Teufel im Volksglauben. Manchmal taucht er auch als »Gooseberry«, (dt. Stachelbeere) auf.

76 - 78

Green Devil

Für 1 Person

20 ml Curaçao blau
20 ml Zitronensaft
20 ml Maracujasirup
100 ml Orangensaft
60 ml Ananassaft
Eiswürfel
Ananasstückchen zum Garnieren
Kiwischeiben zum Garnieren

Blue Devil

Für 1 Person

40 ml Gin
20 ml Curaçao Blue
20 ml Zitronensaft
10 ml Zuckersirup

Black Devil

Für 1 Person

50 ml weißer Rum
10 ml Vermouth dry
1 schwarze Olive

79 Fegefeuer

Für 6 Personen
½ l Starkbier
½ l Rum
Salz
Pfeffer
6 Zitronenscheiben
1 EL Instantkaffee

1 Die Zutaten bis auf den Kaffee in Gläser füllen und für ½ Stunde im Kühlschrank kalt stellen. 2 Die Zitronenscheiben mit zerriebenem Instantkaffee bestäuben. 3 Dann jedes Glas mit 1 Zitronenscheibe garnieren.
4 Für die Variante »Versüßtes Fegefeuer« nimmt man statt des Rums 125 ml Weinbrand und 1 Esslöffel Brombeersaft. 5 Der Pfeffer wird weggelassen.
6 Jedes Glas wird zusätzlich mit 1 Esslöffel geschlagener Sahne garniert.

Das Fegefeuer ist ein Teil der Vorhölle. Dort werden die Sünder von ihren Sünden gereinigt, um dann ins Paradies einziehen zu können. Die lässlichen Sünder kommen ins Fegefeuer; jene, die sich einer der sieben Todsünden (Zorn, Stolz, Neid, Habgier, Unersättlichkeit, Wollust und Trägheit) schuldig gemacht haben, kommen hingegen auf ewig in die Hölle.

80 Café Diable

Für 2 Personen
2 TL Zucker
Schale 1 unbehandelten Zitrone
40 ml Cognac
2 Tassen frischer Kaffee
40 ml Curaçao Triple sec
Schale von 1 unbehandelten Orange
2 EL Sahne

1 Den Zucker in einem kleinen Topf karamellisieren. 2 Die Zitronenschale zu einer etwa 10 cm langen Spirale schneiden und mit hineingeben. 3 Den Cognac darüber gießen und anzünden, dann mit dem Kaffee ablöschen. 4 Den Curaçao in einer Kelle erhitzen. 5 Die zu einer Spirale geschnittene Orangenschale mit einer Gabel über den Topf halten, den Curaçao darüber gießen und dann anzünden. 6 Die Orangenschale in den Kaffee legen, etwa 3 Minuten bei geringer Hitze ziehen, aber nicht kochen lassen. 7 Die Schalen herausnehmen, den Kaffee in 2 Tassen füllen. 8 Die Sahne vorsichtig in den Kaffee gießen, sodass sie obenauf schwimmt.

81 Teufelsschwanz

Für etwa eine ¾-l-Flasche
100 g Zucker
150 ml Tomatenketchup
1 Msp. Muskat
½ l Weingeist
50 g Walnusskerne

1 Etwa 200 ml Wasser mit dem Zucker aufkochen, etwas abkühlen lassen.
2 Das Zuckerwasser mit dem Ketchup, Muskatnuss und Weingeist gründlich vermischen. 3 Die Walnusskerne brühen, häuten und fein hacken. Unter den Likör mischen.
4 Alles in eine sehr saubere (am besten sterilisierte) Flasche füllen, diese gut verschließen und etwa 5 Tage an einem dunklen, kühlen Ort stellen. 5 Dann durch einen Trichter mit Filter in eine andere, saubere Flasche füllen, gut verschließen und 2 bis 3 Monate an einem dunklen, kühlen Ort stehen lassen.

Auch der Kater ist eine Inkarnation des Teufels. Um ihn auszutreiben, eignen sich besonders saure Speisen, wie diese beiden.

82 Teufelsgurken

Für 1 kleinen Steintopf
1 Salatgurke
2 EL Salz
2 Schalotten
1 Fenchelknolle
100 g frischer Meerrettich
schwarze und weiße Pfefferkörner
1 Bund Bohnenkraut
2 Lorbeerblätter
Kümmel
roter Pfeffer
1 Knoblauchzehe
200 ml Weinessig

[1] Die Gurke waschen, schälen und in 4 Teile schneiden. Die Kerne herausnehmen, die Gurkenstücke salzen und 2 Tage in einem Topf zugedeckt an einem kühlen Ort stehen lassen. [2] Danach das Salz abspülen und die Gurke in kleine Stücke schneiden. [3] Die Schalotten schälen und vierteln. [4] Den Fenchel putzen und in dicke Streifen schneiden. [5] Den Meerrettich schälen und in dünne Scheiben schneiden. [6] Die Knoblauchzehe schälen und fein hacken. [7] Das Gemüse lagenweise mit den Gewürzen in einen Steintopf legen, dabei die Kräuter als Unter- und Oberlage verwenden. [8] Über das Ganze den kochenden Weinessig gießen. [9] Den Essig am folgenden Tag jeweils dreimal abgießen, aufkochen lassen und heiß aufgießen. [10] Das Ganze mindestens 2 Tage stehen lassen.

Kümmel schützt ähnlich wie der Knoblauch gegen bösen Zauber und vor allem gegen den Teufel.

83 Feurige Teufelseier

Für 2 Weckgläser à 1,5 l
100 g frischer Meerrettich
2 EL Zitronensaft
½ l Essig
1 l pikante Sangrita
4 Lorbeerblätter
1 TL Wacholderbeeren
1 EL schwarze Pfefferkörner
2 Knoblauchzehen
1 EL Salz
1 EL Curry
1 EL Paprikapulver edelsüß
20 Eier
1 Zweig Dill

[1] Den Meerrettich schälen, raspeln und mit Zitronensaft beträufeln, damit er sich nicht dunkel färbt. [2] Den Essig zusammen mit der Sangrita erhitzen und Lorbeerblätter, Wacholderbeeren und Pfefferkörner hineingeben. Alles zusammen etwa 5 Minuten köcheln lassen.
[3] Den Knoblauch schälen, klein schneiden, zusammen mit dem Salz zerreiben und zum Sud geben. Mit Curry und Paprika würzen. [4] Die Eier in etwa 10 Minuten hart kochen, abschrecken und pellen. [5] Die Eier in ein Weckglas geben, mit dem Sud übergießen, den Meerrettich hinzufügen und den Dillzweig hineinlegen.
[6] Das Weckglas fest verschließen. [7] Das Ganze etwa 1 Woche im Kühlschrank ziehen lassen.

Hatte sie das Glas fallen lassen? Hatte sie es zu Boden geworfen? Oder hatte er es gar getan? Sie wusste es nicht, konnte sich nicht erinnern. Konnte nur zu ihm schauen, dann zu den Scherben auf dem Parkett und erhob sich von ihrem Platz. Er beugte sich leicht vor und blies die Kerzen aus.

Im FALKEN Verlag sind zahlreiche Titel zum Thema »Essen und Trinken« erschienen.
Bitte fragen Sie überall dort, wo es Bücher gibt.

Sie finden uns im Internet: **www.falken.de**

Dieses Buch wurde auf chlorfrei gebleichtem und säurefreiem Papier gedruckt.

Der Text dieses Buches entspricht den Regeln der neuen deutschen Rechtschreibung.

ISBN 3 8068 7474 3

Umschlaggestaltung: Kathrin Otterbach
Layout: Kathrin Otterbach
Redaktion: Tanja Schindler
Lektorat: Marlein Auge
Gestaltung und Herstellung: Petra Zimmer
Umschlagfotos: Kathrin Otterbach
Fotos: Kathrin Otterbach

Gesamtkonzeption: FALKEN Verlag, D-65527 Niedernhausen/Ts.

817 2635 4453 6271